U0451521

国家出版基金项目
NATIONAL PUBLICATION FOUNDATION

"十四五"国家重点图书出版规划项目

中国语言文化典藏系列　组委会

主　任

田学军

执行主任

田立新

成　员

宋　全　杨　芳　刘　利　郭广生　顾　青
张浩明　周晓梅　刘　宏　王　锋　余桂林

中国语言资源保护工程

中国语言文化典藏系列　编委会

主　编

曹志耘　王莉宁　李锦芳

委员（音序）

郭　浩　何　瑛　黄成龙　黄拾全　李云兵

刘晓海　苗东霞　沈丹萍　王　锋　严修鸿

杨慧君　周国炎　朱俊玄

曹志耘 王莉宁 李锦芳 主编

中国语言文化典藏·哈尔滨

梁晓玲 张树青 著

商务印书馆
The Commercial Press
SINCE 1897

序

随着现代化、城镇化的快速发展，我国的语言方言正在迅速发生变化，而与地域文化相关的语言方言现象可能是其中变化最剧烈的一部分。也许我们还会用方言说"你、我、他"，但已无法说出婚丧嫁娶各个环节的方言名称了。也许我们还会用方言数数，但已说不全"一胭穷，两胭富……"这几句俗语了。至于那些世代相传的山歌、引人入胜的民间故事，更是早已从人们的生活中销声匿迹。而它们无疑是语言方言的重要成分，更是地域文化的精华。遗憾的是，长期以来，我们习惯于拿着字表、词表去调查方言，习惯于编同音字汇、编方言词典，而那些丰富生动的方言文化现象往往被忽略了。

2017年，中共中央办公厅、国务院办公厅《关于实施中华优秀传统文化传承发展工程的意见》首次提出"保护传承方言文化"。2020年，国务院办公厅《关于全面加强新时代语言文字工作的意见》明确提出"科学保护方言和少数民族语言文字"。语言方言及其文化的保护传承写进党和政府的重要文件，具有重要的历史意义。党中央、国务院的号召无疑是今后一个时期内，我国语言文字工作领域和语言学界、方言学界的重要使命，需要我们严肃对待，认真落实。

中国语言资源保护工程于2015年启动，已于2019年顺利完成第一期建设任务。针对我国传统语言方言文化现象快速消失的严峻形势，语保工程专门设了102个语言文化调查点（包括25个少数民族语言文化点和77个汉语方言文化点），按照统一规范对语言方言文化现象开展实地调查和音像摄录工作。

为了顺利开展这项工作，我们专门编写出版了《中国方言文化典藏调查手册》（商务印书馆，2015年）。手册制定了调查、语料整理、图册编写、音像加工、资料提交各个阶段的工作规范；并编写了专用调查表，具体分为9个大类：房屋建筑、日常用具、服饰、饮食、农工百艺、日常活动、婚育丧葬、节日、说唱表演，共800多个调查条目。

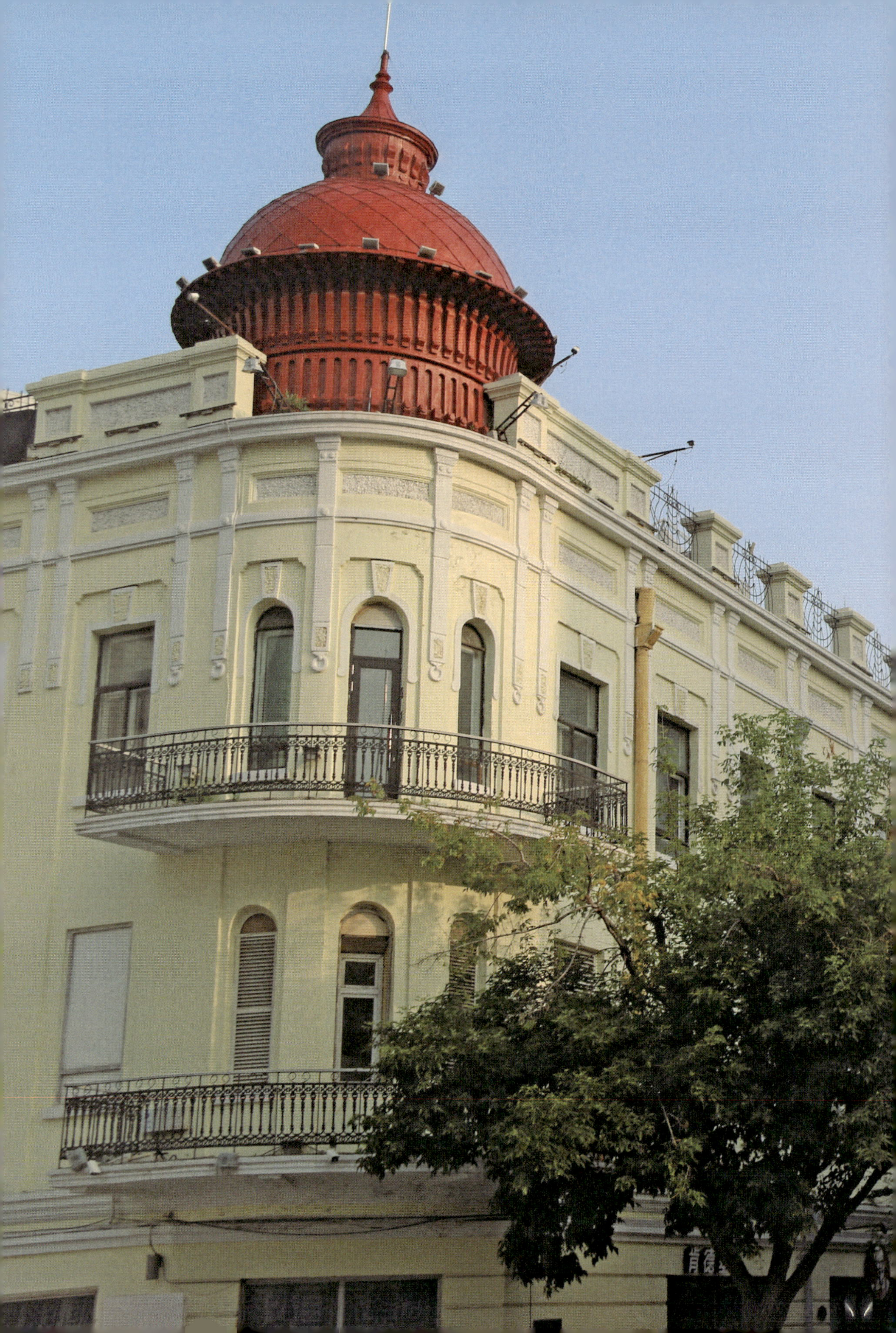

调查方法采用文字和音标记录、录音、摄像、照相等多种手段。除了传统的记音方法以外，还采用先进的录音设备和录音软件，对所有调查条目的说法进行录音。采用高清摄像机，与录音同步进行摄像；此外，对部分语言方言文化现象本身（例如婚礼、丧礼、春节、元宵节、民歌、曲艺、戏剧等）进行摄像。采用高像素专业相机，对所有调查条目的实物或活动进行拍照。

这项开创性的调查工作获得了大量前所未有的第一手材料。为了更好地保存利用这批珍贵材料，推出语保工程标志性成果，在教育部语言文字信息管理司的领导下，在商务印书馆的鼎力支持下，在各位作者、编委、主编、编辑和设计人员的共同努力下，我们组织编写了《中国语言文化典藏》系列丛书。经过多年的努力，现已完成50卷典藏书稿，其中少数民族语言文化典藏13卷，汉语方言文化典藏37卷。丛书以调查点为单位，以调查条目为纲，收录语言方言文化图片及其名称、读音、解说，以图带文，一图一文，图文并茂，EP同步。每卷收图600幅左右。

我们所说的"方言文化"是指用特殊方言形式表达的具有地方特色的文化现象，包括地方名物、民俗活动、口彩禁忌、俗语谚语、民间文艺等。"方言文化"是一个新的研究领域，需使用的调查、整理、加工方法对于我们当中很多人来说都是陌生的，要编写的图册亦无先例可循。这项工作的挑战性可想而知。

在此，我要向每一个课题的负责人和所有成员道一声感谢。为了完成调查工作，大家不畏赤日之炎、寒风之凛，肩负各种器材，奔走于城乡郊野、大街小巷，记录即将消逝的乡音，捡拾散落的文化碎片。有时为了寻找一个旧凉亭，翻山越岭几十里路；有时为了拍摄丧葬场面，与送葬亲友一同跪拜；有人因山路湿滑而摔断肋骨，住院数月；有人因贵重设备被盗而失声痛哭……。在面临各种困难的情况下，大家能够为了一个共同的使命，放下个人手头的事情，不辞辛劳，不计报酬，去做一项公益性的事业，不能不让人为之感动。

然而，眼前的道路依然崎岖而漫长。传统语言方言文化现象正在大面积地快速消逝，我们在和时间赛跑，而结果必然是时间获胜。但这不是放弃的理由。著名人类学家弗雷泽说过："一切理论都是暂时的，唯有事实的总汇才具有永久的价值。"谨与大家共勉。

曹志耘

2022年4月13日

目录

序

引　言　1
　一　哈尔滨　2
　二　哈尔滨方言　4
　三　凡例　12

壹·房屋建筑　15
　一　住宅　18
　二　其他建筑　43
　三　建筑活动　56

贰·日常用具　63
　一　炊具　66
　二　卧具　79
　三　桌椅板凳　82
　四　其他用具　86

叁·服饰　101
　一　衣裤　104
　二　鞋帽　108
　三　首饰等　112

肆·饮食　115
　一　主食　118
　二　副食　123
　三　菜肴　133

伍·农工百艺　145
　一　农事　148
　二　农具　163
　三　手工艺　175
　四　商业　191
　五　其他行业　201

陆·日常活动	207		**玖·说唱表演**	281
一 起居	210		一 口彩禁忌	284
二 娱乐	214		二 俗语谚语	287
三 信奉	226		三 歌谣	292
			四 曲艺戏剧	294
柒·婚育丧葬	233		五 故事	296
一 婚事	236			
二 生育	240		**调查手记**	309
三 丧葬	242			
			参考文献	316
捌·节日	255			
一 春节	258		**索　引**	317
二 清明节	272			
三 端午节	273		**后　记**	326
四 其他节日	278			

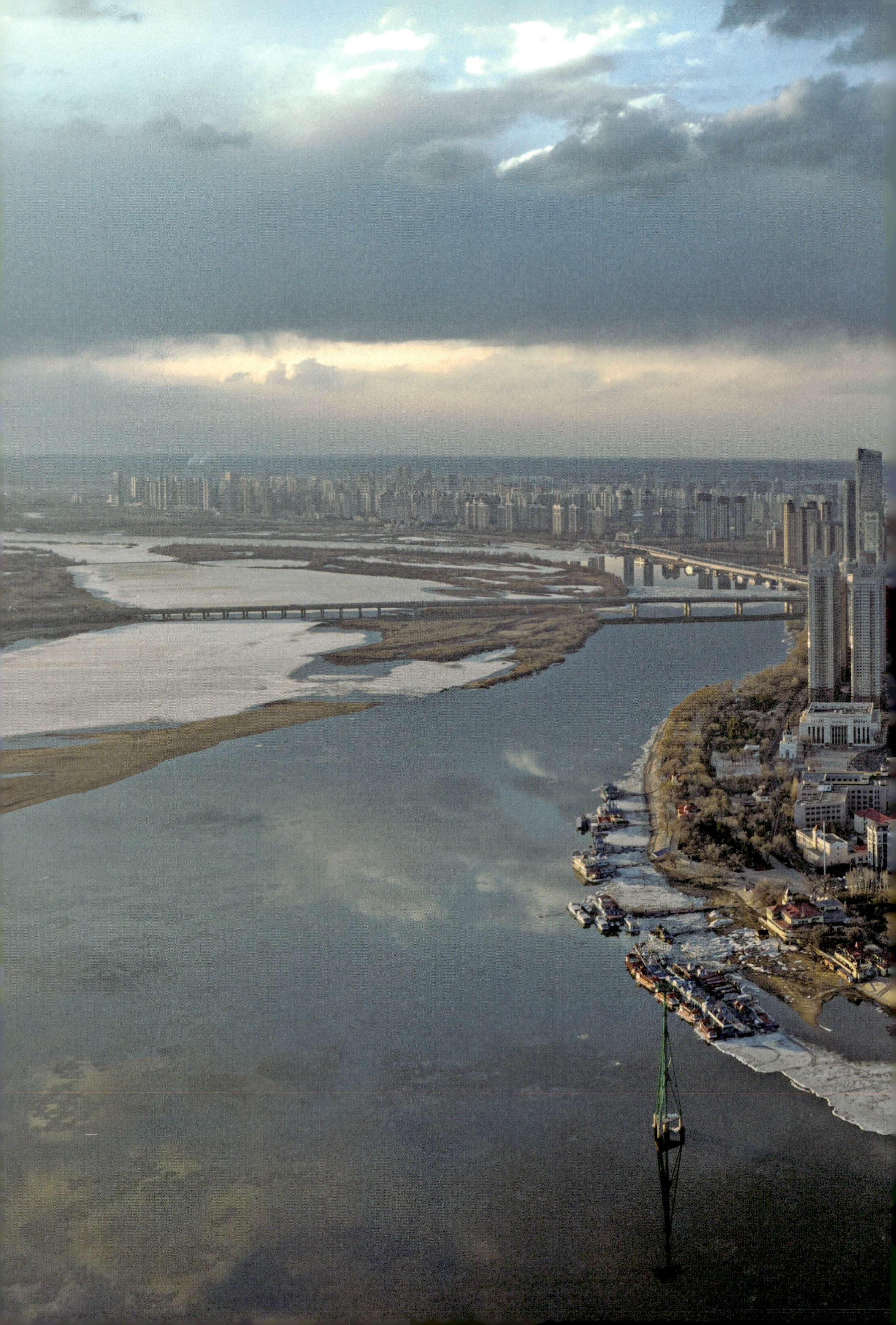

引言

一 哈尔滨

哈尔滨位于我国东北北部，黑龙江省南部，松嫩平原南缘，位于东经125°41′30″—130°13′40″、北纬44°03′30″—46°40′20″之间。东与牡丹江市、七台河市接壤，北与伊春市、佳木斯市接壤，西与绥化市接壤，南与吉林省长春市、吉林市、延边朝鲜族自治州接壤。截至2020年，哈尔滨总面积5.31万平方公里，市辖区面积1.0198万平方公里，辖9个市辖区、9个县（市），2021年年末户籍总人口943.2万人。哈尔滨有朝鲜族、满族、蒙古族、锡伯族、达斡尔族、鄂温克族、鄂伦春族等53个少数民族，至2020年，少数民族人口约67万人，占全市人口总数的6.4%。（参看《哈尔滨年鉴2021》）

哈尔滨市区及双城区、呼兰区地域平坦低洼，东部县（市）多山地丘陵，南临张广才岭支脉丘陵，北部为小兴安岭山区，中部有松花江通过，山势不高，河流纵横，平原辽阔，土壤肥沃。

哈尔滨的历史源远流长，早在两万两千年前，旧石器时代晚期，这里就已经有人类活动，曾先后有肃慎、夫余、勿吉、靺鞨、女真等民族在这一带生活。公元1115年，生女真建大金国，定都会宁府（今哈尔滨市阿城区）。元代隶属辽阳行省，明代隶属奴儿干都司。清朝建立后，乾隆二十一年（1756年）在阿城设阿拉楚喀副都统，哈尔滨为其所辖，属于吉林将军。清末民初属吉林省滨江县。清中后期，随着"京旗移垦"和"开禁放荒"政策的实施，大量满汉百姓移居此地。19世纪末，这里已出现近百个村屯，居民约5万人，交通、贸易、人口等经济因素开始膨胀，为城市的形成与发展奠定了基础。清光绪二十二年（1896年）至光绪二十九年（1903年），随着中东铁路的建设，工商业及人口开始在这一带聚集，中东铁路建成时，哈尔滨已经形成近代城市的雏形。20世纪初，发展成为国际性商埠，先后有33个国家的16万余侨民聚集在这里，19个国家在此设领事馆。与此同时，中国民族资本也有了较大发展。多国文化带来的浓郁的异域风情使得哈尔滨被冠以"东方小巴黎""东方莫斯科"的称号。侨民带来的欧陆文化、"闯关东"的人带来的中原文化与本土文化叠加、融合、沉淀，逐渐形成了独特的城市风格。老榆树、丁香花、古老的欧式建筑互相映衬，异域文化与本土自然景观和谐共生。

随着中东铁路的建成，哈尔滨很快发展成一个华洋杂处的城市，在宗教、建筑、艺术、饮食等方面受欧陆文化的影响非常明显，它是一个宗教之城，一个音乐之城，一个浪漫之城，一个崇尚高雅文化的城市。它的浪漫和美丽，曾因20世纪80年代的一首歌曲《太阳岛上》而闻名全国。

哈尔滨地处中国北端，冬长夏短，冬季漫长寒冷，冰雪文化久负盛名，是世界冰雪文化发源地之一，夏季凉爽怡人，是避暑休闲的胜地，有"冰城夏都"之美誉。

哈尔滨城乡文化差别明显，城市文化是中西合璧的国际都市文化，而农村则是典型的北方农耕文明，与大部分东北农村的民俗文化基本相同。

二 哈尔滨方言

（一）概述

哈尔滨方言属于东北官话哈阜片肇阜小片，其内部一致性较强，各地不存在交流障碍。哈尔滨方言内部差别比较细微，主要表现为新老差别，体现在以下几类字的读音上：

①"蛾鹅俄饿讹熬额"等古疑母字和"爱矮爊袄恩恶安按扼"等古影母字，老派读 [n] 声母，新派读 [∅] 声母。

②古日母字除"扔乳闰入"外，老派读 [∅] 声母，新派读 [z] 声母；"扔乳"老派读 [l] 声母，新派读 [z] 声母，"闰入"老派、新派都读 [z] 声母。

③"荣融容蓉"等古云以母字，老派读 [∅] 声母，新派读 [z] 声母。

④"稭街解~鞋带"等古见系蟹摄开口二等字，老派读 [ai] 韵母，[k] 声母，新派读 [ie] 韵母，[tɕ] 声母。

⑤古山摄合口一等桓缓换韵泥来母的"銮暖卵乱"，老派读开口呼 [an] 韵母，新派读合口呼 [uan] 韵母。

⑥古宕摄入声字"略雀虐疟约"等，老派读 [iau] 韵母，新派读 [ye] 韵母；"弱"老派读 [iau] 韵母，[∅] 声母，新派读 [uo] 韵母，[z] 声母；江摄入声字"觉岳乐学"等，老派读 [iau] 韵母，新派读 [ye] 韵母；梗摄入声字"迫泽责"等，老派读 [ai] 韵母，新派读 [ɤ] 韵母。

⑦古明母曾摄开口一等字"墨"、古以母梗摄开口三等字"液"，老派读 [i] 韵母，新派分别读 [ɤ][ie] 韵母。

⑧古匣母宕摄开口一等字"鹤"，老派读 [au] 韵母，新派读 [ɤ] 韵母。

郊区方言与城区的区别在于，郊区保留老派读音的人数多于城区。尤其是郊区青年人，与城区青年人相比，更多地保留老派读音。

哈尔滨方言与普通话的相似度很高，目前越来越接近普通话，两者之间的差别会越来越小。

（二）声韵调

1. 声母 23 个，包括零声母在内。例字右下角的"1"表示白读，"2"表示文读。（下同）

p 八兵病	pʰ 派片爬	m 麦明	f 飞风副蜂肥饭
t 多东毒	tʰ 讨甜天	n 脑南	l 老蓝连路
ts 早租字贼坐主	tsʰ 刺草寸祠春拆		s 丝三酸顺
tʂ 张竹柱争装纸	tʂʰ 抽茶抄初床车船城		ʂ 事山双手书十　ʐ 热₂软
tɕ 酒九	tɕʰ 清全轻权	ȵ 年泥	ɕ 想谢响县
k 高共	kʰ 开		x 好灰活
∅ 味问温王云用药热₁月熬安			

说明：

① 合口呼零声母音节，开头介音 [u] 略带唇齿动作，但无摩擦，实际音值近 [ʋ]。

2. 韵母 37 个。

ɿ 丝

i 米戏急七一锡

u 苦五猪骨出谷

y 雨橘绿局

ʅ 师试十直尺

ɚ 二

a 茶瓦塔法辣八

ia 牙鸭

ua 刮

ɤ 歌盒热壳色₂

ie 写鞋接贴节

uo 坐过活托郭国

ye 靴月学

ai 开排白色₁

uai 快

ei 赔飞北

uei 对鬼

au 宝饱

iau 笑桥药

ou 豆走

iou 油六

an 南山半

ian 盐年

uan 短官

yan 权

ən 深根

in 心新

uən 寸滚春

yn 云

aŋ 糖王

iaŋ 响讲

uaŋ 床双

əŋ 灯升争横

uəŋ 翁

iŋ 硬病星

uŋ 东

yŋ 兄用

说明：

①[a] 在 [ia ua] 韵母中，实际音值为 [ʌ]；在 [ian yan] 韵母中，实际音值为 [ɛ]；在 [au iau] 和 [aŋ iaŋ uaŋ] 韵母中，实际音值为 [ɑ]，统一记为 [a]。

②韵母 [ɚ] 在去声音节中实际音值是 [ɐr]，记为 [ɚ]。

3. 单字调（4个）

阴平　　[44]　　东该灯风通开天春搭拍切~菜 哭刻雕~急~眼

阳平　　[24]　　门龙牛油铜皮糖红急着~毒白盒罚节2

上声　　[213]　　懂古鬼九统苦讨草买老五有谷百塔节1

去声　　[53]　　动罪近后冻怪半四痛快寸去卖路硬乱洞地饭树刻时~六麦叶月切亲~

说明：

①阴平调有时调尾略降。

②上声调有时发音前段降幅较小，曲折不明显。

③去声调有时收尾比较低，调值近[52]或[51]。

（三）连读变调

哈尔滨方言两字组连读音变调主要体现在上声字作为前字时调值的变化：

1. 上声用在阴平、阳平、去声前，调值变为[21]，如：搅鱼[tɕiau²¹y²⁴]、水饭[ṣuei²¹fan⁵³]；上声用在上声前，调值变为[24]，如：水桶[ṣuei²⁴tʰuŋ²¹³]、拐尺[kuai²⁴tʂʰɿ²¹³]。

2. 上声用在由阴平、阳平、去声变读为轻声的音节前，调值变为[21]，如：喇叭[la²¹pa⁰]、笸箩[pʰɤ²¹luo⁰]、宝贝[pau²¹pei⁰]；上声用在由上声变读为轻声的音节前，有的变为[21]，如姥姥[lau²¹lau⁰]，有的变读为[24]，如讲讲[tɕiaŋ²⁴tɕiaŋ⁰]。

3. 上声字作为后字调值变化不明显，但当处于句子末尾时，调值变为[21]，见"说唱表演"部分。

（四）儿化韵

哈尔滨方言儿化音变规律见表1：

表1　哈尔滨方言儿化音变规律表

本韵	儿化韵	例词
ɿ	ər	刺儿 [tsʰər⁵³]
ʅ		事儿 [ʂər⁵³]
ei		老妹儿 [lau²¹mər⁵³]
ən		小门儿 [ɕiau²¹mər²⁴]
a	ar	房巴儿 [faŋ²⁴par⁴⁴]
ɤ	ɤr	唠嗑儿 [lau⁵³kʰɤr⁴⁴]
ai	ɐr	小孩儿 [ɕiau²¹xɐr²⁴]
an		菜板儿 [tsʰai⁵³pɐr²¹³]
au	aur	院套儿 [yan⁵³tʰaur⁵³]
ou	our	漏斗儿 [lou⁵³tour²¹³]
aŋ	ãr	红肠儿 [xuŋ²⁴tʂãr²⁴]
əŋ	ə̃r	跳绳儿 [tʰiau⁵³ʂə̃r²⁴]
uŋ	ũr	胡同儿 [xu²⁴tʰũr⁵³]
i	iər	小鸡儿 [ɕiau²¹tɕiər⁴⁴]
in		背心儿 [pei⁵³ɕiər⁴⁴]
ia	iar	人家儿 [zən²⁴tɕiar⁴⁴]
ie	iɛr	馃碟儿 [kuo²¹tiɛr²⁴]
iau	iaur	粉条儿 [fən²¹tʰiaur²⁴]

续表

iou	iour	糖球儿 [tʰaŋ²⁴tɕʰiour²⁴]
ian	iɐr	盖帘儿 [kai⁵³liɐr²⁴]
iaŋ	iãr	稻秧儿 [tau⁵³iãr⁴⁴]
iŋ	iə̃r	凉亭儿 [liaŋ²⁴tʰiə̃r²⁴]
u	ur	被橱儿 [pei⁵³tʂʰur²⁴]
ua	uar	苞米花儿 [pau⁴⁴mi²¹xuar⁴⁴]
uo	uor	炕桌儿 [kʰaŋ⁵³tʂuor⁴⁴]
uai	uɐr	一块儿 [i²⁴kʰuɐr⁵³]
uei	uər	对柜儿 [tuei⁵³kuər⁵³]
uən		冰棍儿 [piŋ⁴⁴kuər⁵³]
uan	uɐr	羊倌儿 [iaŋ²⁴kuɐr⁴⁴]
uaŋ	uãr	幌儿 [xuãr²¹³]
uəŋ	uə̃r	瓮儿 [uə̃r⁵³]
y	yər	金鱼儿 [tɕin⁴⁴yər²⁴]
yn		连衣裙儿 [lian²⁴i⁴⁴tɕʰyər²⁴]
ye	yɛr	正月儿 [tʂəŋ⁴⁴yɛr⁵³]
yan	yɐr	豆面卷儿 [tou⁵³mian⁵³tɕyɐr²¹³]
yŋ	ỹr	小熊儿 [ɕiau²¹ɕỹr²⁴]

（五）一、三、七、八、不、啊的音变

"一"在去声音节前调值为[24]，在阴平、阳平、上声前调值为[53]，单读时调值为[44]。

"三"在去声音节前调值为[24]，在阴平、阳平、上声前及单读时调值为[44]。

"七"在去声音节前调值为[24]，在阴平、阳平、上声前及单读时调值为[44]。

"八"在去声音节前调值为[24]，在阴平、阳平、上声前及单读时调值为[44]。

"不"在去声音节前调值为[24]，在阴平、阳平、上声前及单读时调值为[53]。

"啊"位于句子末尾时，声调变读为轻声，由于受前个音节的影响，音色也会发生相应变化。具体变化如下：

（1）如果前一音节以[a o ɤ i y]结尾，"啊"变读为[ia]，汉字记为"呀"。

（2）如果前一音节以[u]结尾，"啊"变读为[ua]，汉字记为"哇"。

（3）如果前一音节以[n]结尾，"啊"变读为[na]，汉字记为"哪"。

（4）如果前一音节以[ŋ]结尾，"啊"变读为[ŋa]，汉字记为"啊"。

（5）如果前一音节以[ɿ]结尾或为儿化韵，"啊"变读为[za]，汉字记为"啊"。

（6）如果前一音节以[ʅ]结尾，"啊"变读为[za]，汉字记为"啊"。

（六）轻声音变

哈尔滨方言轻声音变规律与普通话相近，音长、音强、音高、音色等方面都会发生一定的变化。音长变短，音强变弱，部分清辅音浊化，元音央化，音高受前字声调的影响高低略有不同，上声字后面的轻声字音高略高，其他声调字后面音高略低。记音时声母、韵母不标变体，调值一律标为"0"。

三 凡例

（一）记音依据

本书方言记音以哈尔滨城区老年人的口音为准。

主要发音人为段智华先生，1961年12月生于哈尔滨道外区，从未长时间离开过哈尔滨，自由职业者。"说唱表演"部分发音人李晓鑫，1993年出生于哈尔滨市南岗区。两位二人转表演者分别是为曲艳芬、贾宝库。

（二）图片来源

本书收录哈尔滨方言文化图片共计550余幅。

这些图片主要是近几年在哈尔滨拍摄的，包括哈尔滨市区和下辖县市。

图片拍摄者主要包括作者本人，课题组成员张树青、李梦迪，以及校摄影协会成员侯美辰、关山月、高寒等。非课题组成员拍摄的图片，在拍摄地点后注拍摄者姓名，如"2-65 ◆ 永胜（高寒摄）"。

（三）内容分类

本书所收哈尔滨方言文化条目按内容分为9大类33小类：

（1）房屋建筑：住宅、其他建筑、建筑活动

（2）日常用具：炊具、卧具、桌椅板凳、其他用具

（3）服饰：衣裤、鞋帽、首饰等

（4）饮食：主食、副食、菜肴

（5）农工百艺：农事、农具、手工艺、商业、其他行业

（6）日常活动：起居、娱乐、信奉

（7）婚育丧葬：婚事、生育、丧葬

（8）节日：春节、清明节、端午节、其他节日

（9）说唱表演：口彩禁忌、俗语谚语、歌谣、曲艺戏剧、故事

如果某个条目可归多个大类，先尽特殊的类。例如"大黄米年糕"可归饮食、节日，本书归节日。

（四）体例

（1）每个大类开头先用一段短文对本类方言文化现象做一个概括性的介绍。

（2）每个条目均包括图片、方言词、正文三部分。"说唱表演"不收图片，只有方言词和正文。

（3）各图单独、连续编号，例如"1-25"，短横前面的数字表示大类，短横后面的数字是该大类内部图片的顺序号。图号后面注拍摄地点（一般为村级名称）。图号和地名之间用"◆"隔开，例如"1-26◆永胜"。

（4）在图下写该图的方言词及其国际音标。

（5）正文中出现的方言词用引号标出，并在一节里首次出现时注国际音标，对方言词的注释用小字随文夹注；在一节里除首次出现时外，其他场合只加引号，不再注音释义。为便于阅读，一些跟普通话相同或相近的方言词，在同一节里除首次出现时外，不再加引号。

（6）同音字在字的右上角加等号"="表示，例如：马⁼窗户 [ma^{21}tʂʰuaŋ^{44}xu^{0}]厨房的窗户。

（7）方言词记实际读音，如有变调、儿化音变等现象，一律按连读音记，轻声调值一律标作"0"，例如：小格子窗户 [ɕiau^{21}kɤ^{24}tsʅ^{0}tʂʰuaŋ^{44}xu^{0}]（"小"单字音 [ɕiau^{213}]，"子"单字音 [tsʅ^{213}]，"户"单字音 [xu^{53}]）。

哈尔滨中

壹・房屋建筑

哈尔滨城市建筑和农村建筑风格迥异。哈尔滨近代城市的建设，是从中东铁路的修建开始的。在建筑风格上，这个时期的哈尔滨既有俄罗斯的民族风格，也有西方的折衷主义风格，还采用了当时最新潮的新艺术运动风格。中东铁路建成后，大量欧洲移民涌入哈尔滨，他们按照各自民族的生活习惯、宗教信仰、文化传统，在哈尔滨修建了数量众多、特色鲜明的欧式风格建筑。同时，山东、河北等地的移民也纷纷涌入哈尔滨傅家甸，他们兴建工厂，开办商铺，使这里成为民族工商业的聚集地，应这些成长起来的民族资本家的需求，诞生了一批中西合璧式的中华巴洛克建筑。此外还有中国传统式建筑和其他形式建筑。改革开放以来，哈尔滨修建了大量的现代风格建筑，与各个历史阶段不同风格的建筑融为一体，呈现出了现代哈尔滨的多元化建筑风格。

哈尔滨农村建筑主要是民房，这些民房与黑龙江其他地区的传统民房基本相同。

早期民房多是平房，正房一般为三间，也有两间、"两间二五"[liaŋ²¹tɕian⁴⁴ɤ⁵³u²¹³]东西各一间，中间有半间房宽的走廊等格局。有房有院，坐北朝南。建房材料以土和木头为主，用木头搭架，用土筑墙。也有就地取材，利用其他材料搭建墙体的，如"塔头墙"[tʰa²¹tʰou²⁴tɕiaŋ²⁴]（见图1-31）、"垡子墙"[fa²⁴tsɿ⁰tɕʰiaŋ²⁴]用低洼地带的垡子块晾干后垒的墙、"拉合辫墙"[la⁴⁴xɤ⁰pian⁵³tɕʰiaŋ²⁴]用草编成辫子状与泥混合在一起搭的墙。有了砖厂以后，开始出现"砖房儿"[tʂuan⁴⁴far²⁴]（见图1-4），也有半砖半土结构。北方房屋以御寒为主，墙体厚实，一般北墙、西墙、东墙都没有窗户，只在南面安窗。风格简单朴素，少装饰或无装饰。

现代民房以"砖房儿"为主，"土房儿"[tʰu²¹far²⁴]（见图1-1）已消失殆尽。富裕的乡镇也有楼房。近年建的平房已经和楼房相近，材料也用钢筋水泥，结构、装修等与现代楼房趋同。简陋、粗糙的"土房儿"慢慢退出了历史舞台。

一 住宅

1-1 ◆一面坡

土房儿 [tʰu²¹fãr²⁴]

用土、木头等建造的房子。用土打墙，用木头做框架，不挖地基，直接在地面筑墙。土多为黄土，黄土打墙更加坚固。外层用由碱土加"羊＝角＝"[iaŋ²⁴tɕiau⁰]铡碎的麦秸或稻草和成的泥抹平，用这样的泥抹墙可以更好地抵御风雨侵蚀，使墙体更加牢固。一般三间或两间，坐北朝南。

一面青儿 [i²⁴mian⁵³tɕʰiə̃r⁴⁴]

也叫"砖挂面儿"[tʂuan⁴⁴kua⁵³miɚ⁵³]，只有前面一面墙用砖，其他三面墙用土建造的房子。砖墙表面用水泥抹平，整体呈青灰色，为了美观，往往在墙上用碎石、碎玻璃等材料拼成一些图案。

1-3 ◆石头河子

坯篓子 [pʰi⁴⁴lou²¹tsʅ⁰]

1-2 ◆一面坡

用土坯垒的房子。先用土加"羊˚角˚"和泥,脱成土坯,然后用土坯垒墙,墙面用泥抹平。这样的房子搭建速度比较快,但没有直接用土夯筑的墙坚固,因此留存到现在的较少。

砖房儿 [tʂuan⁴⁴far²⁴]

用砖、木头等搭建的房子。早期的"砖房儿"以木搭架,以砖垒墙,砖缝用水泥抹平,内部结构与"土房儿"相同,只不过垒墙的材料由土变成了砖。外层用水泥抹平后,一般会刷一层白灰,整个房子呈灰白色。后期逐渐发生了变化,材料、结构、装修等都接近楼房。

黄房子 [xuaŋ²⁴faŋ²⁴tsʅ⁰]

也叫"苏联房儿"[su⁴⁴lian²⁴ fãr²⁴]、"毛子房儿"[mau²⁴tsʅ⁰fãr²⁴]，外墙涂成黄色的俄罗斯风格的房子。哈尔滨市南岗区有"黄房子"保护街区，东起交通街，西至海城街、公司街，南起木介街、繁荣街，北至联发街、西大直街、花园街，这些"黄房子"是修筑中东铁路时建造的职工住宅。

1-5 ◆一面坡

木刻楞 [mu⁵³kʰɤ⁴⁴ləŋ⁵³]

用圆木或半圆木刻槽堆叠而成的房子。哈尔滨的"木刻楞"主要分布在中东铁路沿线上，多是修建中东铁路时搭建的，现在多已破败，能居住的不多。

太阳房 [tʰai⁵³iaŋ²⁴faŋ²⁴]

也叫"阳光间"[iaŋ²⁴kuaŋ⁴⁴tɕian⁴⁴]、"日光房"[ʐʅ⁵³kuaŋ⁴⁴faŋ²⁴]等，以房屋外墙为依托建造的一个功能空间。墙面上设有木框架，内嵌大块玻璃。夏天把玻璃卸下来"太阳房"就成为阳台；冬天把玻璃安上，可起到保暖作用。

1-6 ◆一面坡 　　1-7 ◆南岗

哈尔滨 壹·房屋建筑

纯化医院

靖宇社区卫生服务中心
Jing Yu Commnnity Health Servi e Cent
Jing Yu центр санинрого обслуживания примкрароне су

医保定点医院

中国语言文化典藏

1-9◆道外

圈儿楼 [tɕʰyɐr⁴⁴lou²⁴]

  中华巴洛克建筑群。中华巴洛克是一种中西合璧的建筑，是巴洛克建筑风格与中国本土建筑风格相融合的产物。建筑的外立面从结构、细部到色彩搭配都体现巴洛克风格，整体感觉是欧式建筑形式，而平面布局是中式的，采用中国古典建筑的院落式布局，以四合院为主，四面围合。四合院内设门洞，或一进，或二进，穿过门洞，大院便豁然开朗，内有天桥、天井、回廊以及外廊式栏杆、雕刻精美的门楣，靠街一面有通街之门。哈尔滨道外区靖宇大街有目前世界最大、保存最完整的中华巴洛克建筑街区。

1-8◆道外

哈尔滨　壹·房屋建筑

欧式老房子 [ou⁴⁴ʂʅ⁵³lau²¹faŋ²⁴tsʅ⁰]

　　欧式风格的老建筑。哈尔滨保留了多种欧式风格的老建筑，包括文艺复兴风格、巴洛克风格、折衷主义风格、新艺术运动风格等。图1-11为带有文艺复兴风格的折衷主义风格建筑，建于1917年，犹太人奥昆投资兴建，也被称为奥昆大楼，哈尔滨市二类保护建筑，全国重点文物保护单位；图1-12为哈尔滨教育书店，巴洛克风格建筑的代表，建于1909年，哈尔滨市一类保护建筑，国家一类保护建筑；图1-13是马迭尔宾馆，新艺术运动风格建筑的代表，建于1906年，哈尔滨市一类保护建筑，省级文物保护单位，全国重点文物保护单位。

1-12◆道里

1-13◆道里

门洞子 [mən²⁴tuŋ⁵³tsʅ⁰]

门洞，大门里或院落间有顶的较长的过道。图 1-10 是中华巴洛克建筑内部的门洞，使各院落相连通。

1-10 ◆道外

1-11 ◆道里

1-17◆永胜

房巴儿 [faŋ²⁴par⁴⁴]

屋顶。早期的屋顶最下面一层是檩子，檩子上面铺着一层"房箔"[faŋ²⁴pau²⁴]用高粱秆或芦苇秆打成的帘子。

外屋儿地 [uai⁵³ur⁴⁴ti⁵³]

也叫"外屋儿地下"[uai⁵³ur⁴⁴ti⁵³ɕia⁰]，即厨房。不论三间房子还是两间房子，开门的那间房子是厨房，进入一户人家，首先进入的那间是厨房，经由厨房才能进入"里屋儿"（见图1-15）。

1-16◆永胜

1-15◆永胜

里屋儿 [li²¹ur⁴⁴]

一边开门的房子最靠里的房间。如果一栋房子有两个房间，东边一间开门，开门的一间是厨房，另一间是"里屋儿"。如果有三个房间，有一边开门和中间开门两种情况：一边开门的，门开在最东边一间，这一间是厨房，最西边一间叫"里屋儿"，中间一间叫"外屋儿"[uai⁵³ur⁴⁴]；中间开门的，另外两间分别叫东屋和西屋。

中央大街 [tʂuŋ⁴⁴iaŋ⁴⁴ta⁵³tɕie⁴⁴]

哈尔滨的中央大街是一个开放式的建筑艺术博物馆，全街区现有欧式、仿欧式建筑75栋，各类保护建筑36栋，其中位于主街的有17栋。这里汇集了欧洲15至16世纪的文艺复兴风格、17世纪的巴洛克风格、18世纪的折衷主义风格和19世纪的新艺术运动风格等在西方建筑史上极具影响力的建筑风格，这些建筑涵盖了西方百年建筑艺术的精华。

1-14◆道里

1-18◆永胜

吊棚 [tiau⁵³pʰəŋ²⁴]

在房间顶部先用木条做成龙骨，再在上面钉上苇箔或用高粱篾子编的席子，或吊一层用高粱秆编成的帘子，在帘子上抹一层白灰。

平顶儿 [pʰiŋ²⁴tiɚ²¹³]

平的房顶。早期的"土房儿"（见图1-1）和"砖房儿"（见图1-4）都是平顶，房顶用掺有碎麦秆的碱土泥抹平，以防止开裂漏水。

1-21◆永胜

1-20◆道外

女儿墙 [n̠y²¹ɚ²⁴tɕʰiaŋ²⁴]

　　房屋顶上四周的矮墙，主要用来维护安全，也可以用来压住油毡纸，避免防水层渗水，或房顶雨水漫流，同时起到装饰作用。图1-19为普通砖房的女儿墙。图1-20是中华巴洛克建筑的女儿墙，是该类建筑最具特色的构件，其特点是柱式与面体组合，呈中心对称结构，西洋柱式与中式装饰图案结合，有些女儿墙还融入了中国传统牌坊建筑元素。常见的图案如象征富贵的牡丹、海棠，象征多子多孙的葡萄、石榴，象征着权利与荣耀的龙、凤，以及古钱、宝瓶、如意、回纹等。

1-19◆永胜

1-23 ◆道外

起脊 [tɕʰi²⁴tɕi²¹³]

金字形房顶。后期砖房房顶多搭建成这种形状，房顶表面多铺铁皮。这类房子称为"起脊房子"[tɕʰi²⁴tɕi²¹faŋ²⁴tsʅ⁰]。

两面坡顶儿 [liaŋ²¹mian⁵³pʰɤ⁴⁴tiə̃r²¹³]

中间是平面，前后两侧有两个坡面的房顶，有俄罗斯风格。

1-22 ◆一面坡

1-25 ◆一面坡

草房盖儿 [tsʰau²¹faŋ²⁴kɚ⁵³]

"土房儿"（见图1-1）中用草苫铺成的房顶。现多已破败，非常少见。

多面坡顶儿 [tuo⁴⁴mian⁵³pʰɤ⁴⁴tiə̃r²¹³]

中心是平面，四周有多个坡面的房顶，有俄罗斯风格。

1-24 ◆一面坡

1-28◆一面坡

铁皮盖儿 [tʰie²¹pʰi²⁴kɤr⁵³]

　　用铁皮铺的房顶。

青瓦 [tɕʰiŋ⁴⁴ua²¹³]

　　黏土烧制的瓦片，蓝灰色，常用来铺"土房儿"（见图1-1）的房顶或房檐，有防水和装饰作用。

1-29◆永胜

1-26 ◆永胜

泥房顶儿 [ȵi²⁴faŋ²⁴tiɤr²¹³]

用泥抹的房顶。为防止房顶开裂漏水,每年秋季都要抹一次泥,一般连同山墙一起抹。

瓦房盖儿 [ua²¹faŋ²⁴kɤr⁵³]

用瓦片铺的房顶。

1-27 ◆一面坡

1-31◆拉林

塔头墙 [tʰa²¹tʰou²⁴tɕʰiaŋ²⁴]

　　用"塔头"[tʰa²¹tʰou²⁴]搭建的墙。"塔头"是沼泽地里各种苔草的根系和泥土凝结在一起形成的，有几十厘米到一米高，可以垒墙、盖房子，也可以用来烧火。

板障子 [pan²¹tʂaŋ⁵³tsʅ⁰]

　　用木板夹的栅栏，多做院墙，也可以做"园子"[yan²⁴tsʅ⁰]（见图5-5）及畜圈等的围墙。

1-33◆一面坡

琉璃瓦 [liou²⁴li²⁴ua²¹³]

采用优质原料，经多道工序高温烧制而成的装饰性建筑材料，多用于宫殿、庙宇的屋顶，造型多样、釉色鲜明多彩。

1-30 ◆南岗

土墙 [tʰu²¹tɕʰiaŋ²⁴]

用土夯筑或用泥堆筑的墙，现在已不多见，且多已颓败。

1-32 ◆临江

1-34◆一面坡

木头障子 [mu⁵³tʰou⁰tʂaŋ⁵³tsʅ⁰]

用原木夹的栅栏，可以做院墙，也可以做"园子"及畜圈等的围墙。

铁大门 [tʰie²¹ta⁵³mən²⁴]

用铁做的院门。图1-37为中华巴洛克建筑的临街院门。

1-37◆道外

1-35 ◆临江

砖墙 [tʂuan⁴⁴tɕʰiaŋ²⁴]

用砖和混凝土砌筑的墙，具有较好的承重性和耐久性，常用于各种房屋建筑。

木头大门 [mu⁵³tʰou⁰ta⁵³mən²⁴]

用木头做的院门。

1-36 ◆一面坡

哈尔滨 壹·房屋建筑

门环 [mən²⁴xuan²⁴]

安在大门上的铜环或铁环,以前多安装在大户人家的大门上,现少见。

1-41◆道外

小门儿 [ɕiau²¹mər²⁴]

较小的院门,"小门儿"是相对于大门而言的,一般情况下,大门开在临街一面,"小门儿"开在非临街的一面或两个相邻建筑之间,以方便出行。

门斗儿 [mən²⁴tour²¹³]

屋门外设置的小间,是室内室外的过渡地带,可以阻挡外部冷空气进入室内,还可以减少户外噪音对室内的干扰。

1-39◆道外

1-40◆南岗

上下扇儿窗户 [ʂaŋ⁵³ɕia⁵³ʂɤr⁵³tʂʰuaŋ⁴⁴xu⁰]

由"上亮子"[ʂaŋ⁵³liaŋ⁵³tsɿ⁰]最顶端的一排小窗户、"上扇儿"[ʂaŋ⁵³ʂɤr⁵³]窗户的上半部分、"下扇儿"[ɕia⁵³ʂɤr⁵³]窗户的下半部分三部分构成的一种窗户。"上扇儿""下扇儿"都是活动的，可以随时装卸。室内棚顶垂挂"窗户钩儿"[tʂʰuaŋ⁴⁴xu⁰kour²⁴]由棚顶垂挂下来的用来把"上扇儿"挂起来的铁钩，天热时"上扇儿"可以挂起来。

1-43 ◆临江

房门 [faŋ²⁴mən²⁴]

也叫"屋门"[u⁴⁴mən²⁴]。早期多为木质的，后期也有铁质的。

小格子窗户 [ɕiau²¹kɤ²⁴tsɿ⁰tʂʰuaŋ⁴⁴xu⁰]

窗棂为小格子形状的窗户，窗棂上面糊纸。

1-38 ◆道外

1-42 ◆一面坡

1-48 ◆一面坡

苞米秸障子 [pau⁴⁴mi²¹kai⁴⁴tʂaŋ⁵³tsʅ⁰]

用玉米秸秆扎成的栅栏，围出一定空间，里面可以装柴草，也可以圈鸭、鹅等，"苞米"即玉米。

院套儿 [yan⁵³tʰaur⁵³]

院墙围起来的部分，包括房子、院墙等建筑物在内。

1-47 ◆呼兰

1-45◆南岗

1-44◆临江

气窗 [tɕʰi⁵³tʂʰuaŋ⁴⁴]

用来通风换气的小窗户。可以开在房顶，也可以开在窗户上，形式多种多样。

马︔窗户 [ma²¹tʂʰuaŋ⁴⁴xu⁰]

老式平房中厨房的窗户。一般比卧室的窗户小，安装在厨房南边的墙上。

院子 [yan⁵³tsʅ⁰]

院墙合围的空间。农村一般独门独院，院墙里窗户下一般有一块空场，叫"窗户下"[tʂʰuaŋ⁴⁴xu⁰ɕia⁵³]，也叫"当院"[taŋ⁴⁴yan⁵³]，距窗稍远的是种菜的"园子"。

1-46◆临江

1-49◆道里

面包石路 [mian⁵³pau⁴⁴ʂʅ²⁴ lu⁵³]

　　用面包石铺的路。面包石即方形花岗岩石块，其形状及大小就像俄式的小面包一样，所以叫面包石。石面呈浑圆形，精巧、密实。哈尔滨的中央大街是用面包石铺设的，是中外道路史上罕有的"面包石路"。

屯子 [tʰuən²⁴tsʅ⁰]

　　村庄。近年随着城镇化步伐的加快，村庄里的人口越来越少，很多村庄会因无人居住而慢慢消失。

1-50◆一面坡

1-52 ◆一面坡

二 其他建筑

牛圈 [ȵiu²⁴tɕyan⁵³]

养牛、圈牛的简易建筑。有在野外临时搭建供夏季放牧使用的，也有建在村子里或院子里长期使用的。前者多用木板、原木等围成，后者一般用土和木头搭建。

茅楼儿 [mau²⁴lour²⁴]

室外的厕所，多在院子里或院子旁边，一般比较矮小。厕所内挖坑，坑上铺木板，木板中间留空隙，如厕时人蹲在木板上。

1-51 ◆一面坡

哈尔滨 壹·房屋建筑

1-53 ◆一面坡

羊圈 [iaŋ²⁴tɕyan⁵³]

养羊、圈羊的简易建筑，多搭建在院子里或村子里。早期用土和木头搭建，现在也有用砖搭建的。

猪圈 [tʂu⁴⁴tɕyan⁵³]

养猪、圈猪的简易建筑。一般搭建在房子旁边。早期用土和木头搭建，现在也有用砖搭建的。

1-54 ◆永胜

1-57 ♦ 永胜

1-55 ♦ 永胜

窖 [tɕiau⁵³]

  储存土豆、白菜等的深洞，一般深五六米。洞的内壁凿磴，人踩着磴下到窖底，现在也有在里面立一架梯子的，人顺着梯子下去。窖口一般用破锅覆盖，防止雨水流入。里边冬暖夏凉，土豆等可存放一年之久。夏天也可以把瓜果放在里面保鲜。

鸡窝 [tɕi⁴⁴uo⁴⁴]

  也叫"鸡架"[tɕi⁴⁴tɕia⁵³]，圈鸡、鸭、鹅的地方。一般留上下两个门，上边的门供鸡飞入飞出，下面的供鸭、鹅钻进钻出。里边搭木架，鸡在木架上面栖息，鸭、鹅趴在木架下面。早期用土和木头搭建，现在也有用砖搭建的。

粮食囤子 [liaŋ²⁴ʂʅ⁰tuən⁵³tsʅ⁰]

  上面有盖儿、四周用草席等围起的仓房，用来储存粮食。

1-56 ♦ 永胜

哈尔滨 壹·房屋建筑

1-59◆拉林

洋灰管儿井 [iaŋ²⁴xuei⁴⁴kuɐr²¹tɕiŋ²¹³]

用水泥管做井壁的井,深 20 米左右。打在每户人家的院子里。"洋灰管儿井"比"土井"的井口小得多,也比"土井"更方便、更安全、更卫生。

柳罐斗儿 [liou²¹kua⁰tour²¹³]

从井里往上打水的桶,两头略小,肚子略大,底面上安装一块可活动的胶皮,叫"呼嗒" [xu⁴⁴ta⁰]。早期的"柳罐斗儿"用柳条编成,有了胶皮轮胎后,用废胶皮轮胎缝制。

1-61◆拉林

辘轳 [lu⁵³lu⁰]

　　安在井上汲水的轮轴。上面安装的圆弧形的手柄叫"辘轳把"[lu⁵³lu⁰pa⁵³]。

1-60◆拉林

土井 [tʰu²⁴tɕiŋ²¹³]

　　早期的一种井，人工挖成，井口较大，有圆形的也有方形的，井壁一般用木头或"塔头"砌上，井口周围一般有井台或围栏。井口周围地带叫"井沿儿"[tɕiŋ²¹³iɚ⁵³]。过去一个村子一般只有一口"土井"，全村人都从一口井里挑水吃。冬天井口会结冰，要经常凿冰才能保证井口不被冰封死。"井沿儿"上也会结厚厚的冰，打水时很容易滑倒。后来"土井"逐渐废弃了。

1-58◆永发

1-66◆一面坡

风景亭儿 [fəŋ⁴⁴tɕiŋ²¹tʰiə̃r²⁴]

用来观赏风景的亭子。

压管儿井 [ia⁵³kuer²¹tɕiŋ²¹³]

  利用大气压把地底下的水抽上来的一种井，一般深30多米，抽上来的是深层地下水，水质较好，井管是铸铁的，置于地表。"压管儿井"比"土井"和"洋灰管儿井"占用空间小，可以打在室外，也可以打在室内。

1-63◆一面坡

井架子 [tɕiŋ²¹tɕia⁵³tsʅ⁰]

用来支撑"辘轳"（见图1-60）的木头架子。前面交叉立着两根木头，后面立一根木头，木头上打孔，"辘轳"轴的前端架在前面两根木头的交叉处，后端从后面木头的圆孔中穿过。前面两根交叉的木头与后边打孔的木头共同支撑起"辘轳"，打孔的木头还有固定"辘轳"轴的作用。

1-62 ◆拉林

凉亭儿 [liaŋ²⁴tʰiɚ²⁴]

用来乘凉或避雨的亭子。

井亭儿 [tɕiŋ²¹tʰiɚ²⁴]

用来遮挡水井的亭子。

1-64 ◆拉林

1-65 ◆永胜

哈尔滨　壹·房屋建筑

49

1-70◆永胜

碾子 [ȵian²¹tsʅ⁰]

用来脱粒、磨粉的工具,由碾盘、碾磙、碾架等部分构成。碾盘安一根圆木,圆木插在碾架内侧,推碾子时碾磙围绕着这根圆木在碾盘上转圈。碾子可以用人推,也可以用驴、马等拉。

磨 [mɤ⁵³]

把谷物、豆类等去皮或磨碎的工具,用两个圆石盘做成。上面的石盘有贯穿的圆孔,用来穿绳子或木杆,通过拉绳子或推木杆使磨转动。上面的石盘还凿有圆孔,叫"磨眼"[mɤ⁵³ian²¹³],由此注入谷物。两个石盘的接触面刻有扇形磨齿,便于磨碎谷物。下面的石盘固定在更大的圆石上,这块圆石叫"磨盘"[mɤ⁵³pʰan²⁴],从两扇石盘的缝隙落下的粉末或流出的液体落在"磨盘"上。不同用途的磨在构造上也略有差别,有的"磨盘"上有豁口,有的没有,有的"磨眼"大些,有的小些。

1-68◆巴彦

1-67◆南岗

牌楼 [pʰai²⁴lou⁰]

做装饰用的构筑物，一般建在旅游景区、旧式建筑街区及寺庙等处，在哈尔滨并不多见。图1-67是哈尔滨文庙的牌楼。

粉磨 [fən²¹mɤ⁵³]

用来磨马铃薯的磨，马铃薯磨完后可制成粉条等淀粉制品。这类磨"磨眼"较大，便于添加马铃薯，"磨盘"上有豁口，豁口下放桶，磨出的液体由豁口流入桶内。

1-69◆巴彦

哈尔滨 壹·房屋建筑

1-72◆永胜

砖窑 [tṣuan⁴⁴iau²⁴]

烧砖的窑，整体呈环形，两侧等距开多个门孔，内部由多个互相连通的窑室构成。

桥 [tɕʰiau²⁴]

架在水面上的构筑物。图 1-73 是乡村公路上简陋的小桥，下面铺水泥管，上面用砖、水泥等建成。

1-73◆永胜

1-74 ◆道里

拱桥 [kuŋ²¹tɕʰiau²⁴]

拱形小桥。图 1-74 是公园里架在水上的小型拱桥。

米碾儿 [mi²⁴ȵier²¹³]

打米磨面的场所。以前这里用的是碾子、磨等，后来改用电器。以前人们把粮食拉到这里加工，每年春节前夕，这里特别忙，因为家家都要打白面，打黄米面等，人们常常排着队连夜加工。现在粮食通常不需要自己加工了，"米碾儿"也越来越少了。

1-71 ◆一面坡

哈尔滨 壹·房屋建筑

1-76 ◆临江

水流子 [ʂuei²¹liou⁵³tsɿ⁰]

　　屋檐处淌水的设施。

老江桥 [lau²¹tɕiaŋ⁴⁴tɕʰiau²⁴]

　　松花江滨洲铁路桥，是松花江上最早的铁路大桥，是哈尔滨的第一座跨江桥梁，同时也是哈市道里、道外两区的分界桥。它是中东铁路所有桥梁中最长的，且地处哈尔滨咽喉，素有"中东铁路第一桥"之称。桥墩为石膏白灰浆砌石，花岗岩石镶面。

1-77 ◆临江

棚子 [pʰəŋ²⁴tsʅ⁰]

也叫"下屋"[ɕia⁵³u⁴⁴]、"仓子"[tsʰaŋ⁴⁴tsʅ⁰]。存放粮食、农具及各种杂物的小房子，一般建在房子的左前方或右前方。

1-75 ◆道里

三 建筑活动

1-78◆临江

地基 [ti⁵³tɕi⁴⁴]

　　承受房屋重量的土层或岩层。农村盖房子先打地基,现在盖的房子地基一般深1米,宽0.6—0.7米,具体宽度由墙的厚度决定。

砌砖墙 [tɕʰi⁵³tʂuan⁴⁴tɕʰiaŋ²⁴]

　　用砖砌墙。四个墙角垒完后开始砌墙。

1-80◆临江

1-81◆临江

水平线 [ʂuei²¹pʰiŋ²⁴ɕian⁵³]

衡量墙体等曲直的线。开始砌墙的时候，四周拉上直线作为参照，以防墙体砌歪。

垒墙角儿 [lei²¹tɕʰiaŋ²⁴tɕiaur²¹³]

搭建墙角。地基打好之后先搭建墙角再砌墙。搭建墙角从东边开始。

1-79◆临江

1-82◆临江

上梁 [ʂaŋ⁵³liaŋ²⁴]

把梁架到屋顶上。梁上包红布、太极八卦图，挂斧子、铜钱和鱼。八卦图上的"坎"[kʰan²¹³]太极八卦图上的八卦之一，代表北方 朝北方。

绑红 [paŋ²¹xuŋ²⁴]

用一根较细的木头代表梁，外边包上红布。寓意吉祥顺遂，民间认为红色可以辟邪，佑护家宅平安。

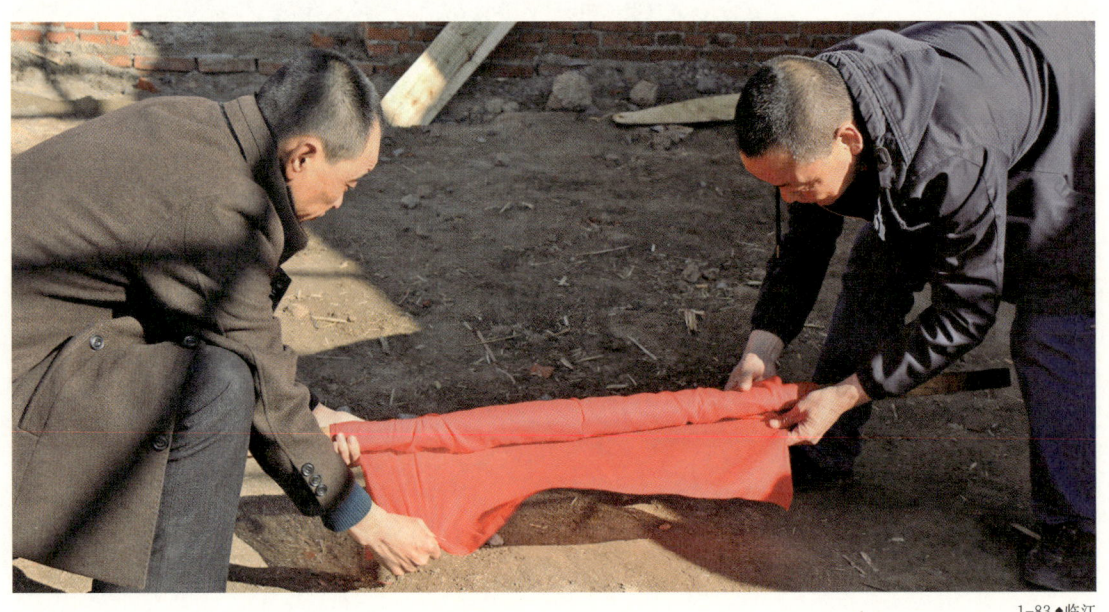

1-83◆临江

1-84◆临江

阴阳鱼 [in⁴⁴iaŋ²⁴y²⁴]

　　太极八卦图，因中间的图案像一黑一白两条鱼，所以把太极图称为"阴阳鱼"，上梁时把太极八卦图包在红布的外面。

挂斧子 [kua⁵³fu²¹tsʅ⁰]

　　梁上挂上拴有铜钱的斧子。寓意富贵吉祥，"斧"与"福"和"富"谐音，铜钱象征财富，民间也有"一福压百祸"之说。

1-85◆临江

1-89♦临江

赏红包儿 [ʂaŋ²¹xuŋ²⁴paur⁴⁴]

赏给上梁木匠红包。

贴对联儿 [tʰie⁴⁴tuei⁵³liɚ²⁴]

上梁前在门的两侧贴上有吉祥口彩的对联。

1-86♦临江

1-88◆临江

披红 [pʰi⁴⁴xuŋ²⁴]

上梁前先把红布披在房子上，从房子前面一直披到房子后面，"红"[xuŋ²⁴]象征喜庆的红布由房主妻子的娘家哥哥赠送。

挂鱼 [kua⁵³y²⁴]

上梁前在房子的四角和梁上都挂上活鱼，鱼的嘴里装上钱。

1-87◆临江

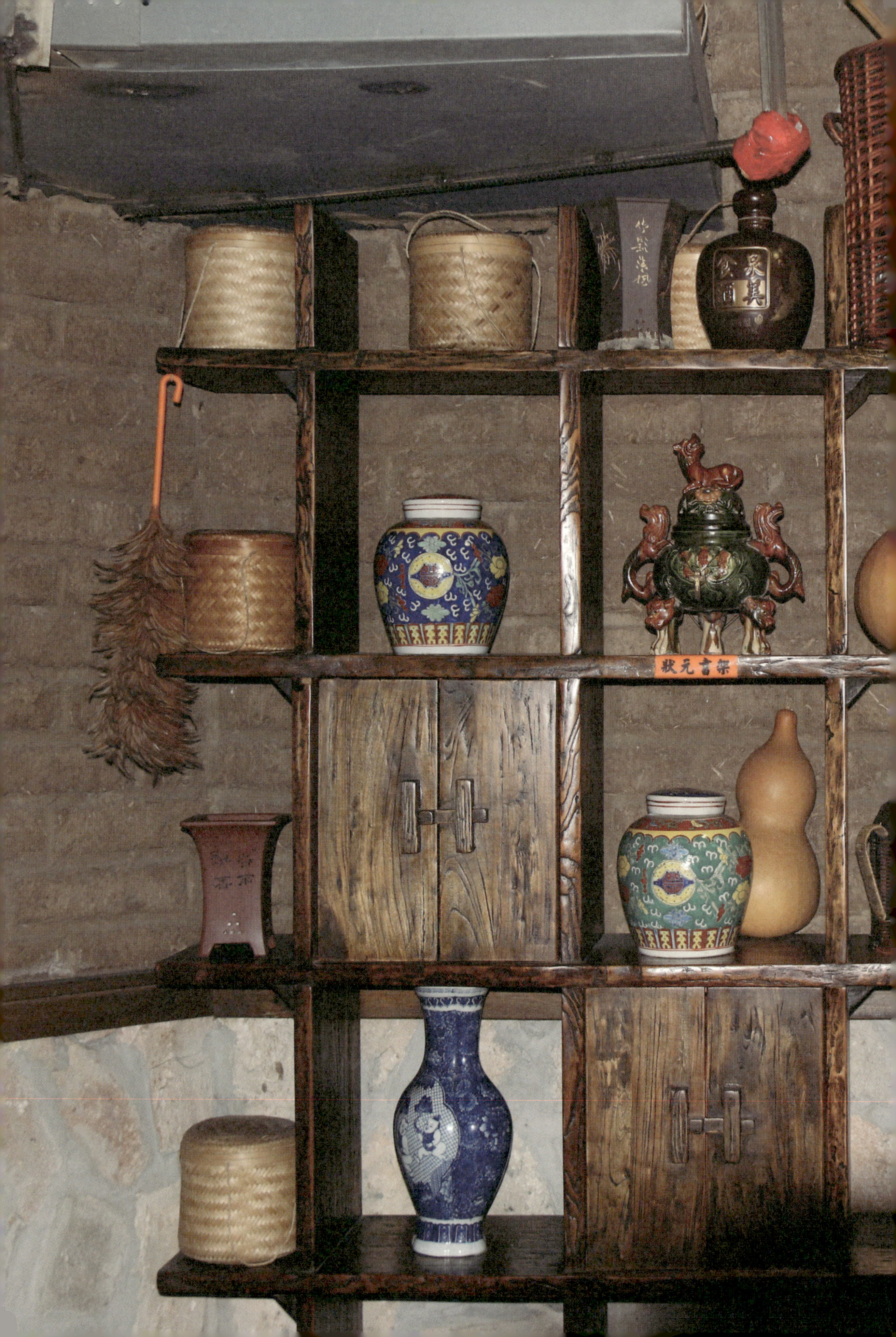
状元书架

贰·日常用具

日常用具主要包括炊具、卧具、坐具、灯具、储具等。

在较早时期，老百姓的日常活动比较单调，基本围绕衣食住行展开。吃饭是头等大事，锅和灶是生活的根本，因此人们用"就是砸锅卖铁也要如何"这样的话表示做某事的决心。如果一个家庭过不下去散伙了，哈尔滨方言里叫"散灶了"[san²¹tsau⁵³lə⁰]。

炕在哈尔滨人乃至东北人的生活中有着举足轻重的地位。以前城里农村都有炕，现在城里少了，农村几乎家家都有。炕不仅是睡觉的地方，还是各种日常活动的地方，吃饭、闲聊、做针线活、写作业，都可以在炕上进行。早期的炕都搭在房间南面，称为"南炕"[nan²⁴kʰaŋ⁵³]，不仅利于采光，而且可以借助阳光的热量取暖。也有为了美观搭在房间北面的，称为"北炕"[pei²¹kʰaŋ⁵³]。还有因为房间少人口多，一"铺"[pʰu⁴⁴]炕的量词炕不够睡，在一个房间南北两面都搭炕的，即"南北炕"[nan²⁴pei²¹kʰaŋ⁵³]。有些集体宿舍，除了门以外的地方全搭上炕，称为"圈儿炕"[tɕʰyer⁴⁴kʰaŋ⁵³]。

缸和坛子曾经是非常重要的生活用具。东北地区气候寒冷，大半年的时间不能耕种，因此储存蔬菜非常重要。储存蔬菜的一个重要方法是腌制，腌酸菜、腌咸菜等，另外还要做酱，这些都离不开缸和坛子。缸有多种型号和用途，根据型号常用的有"大缸"[ta⁵³kaŋ⁴⁴]（见图 2-69）、"二缸"[ɚ⁵³kaŋ⁴⁴]比大缸略小的缸、"小缸腿儿"[ɕiau²¹kaŋ⁴⁴tʰuɚ²¹³]（见图 2-70）、"迫缸"[pʰai²¹kaŋ⁴⁴]（见图 2-71），根据用途有"酱缸"[tɕiaŋ⁵³kaŋ⁴⁴]、"水缸"[ʂuei²¹kaŋ⁴⁴]、"酸菜缸"[suan⁴⁴tsʰai⁵³kaŋ⁴⁴]，等等。随着生产生活方式的改变，人们逐渐不需要用缸盛水、装猪食，酸菜、咸菜也腌得越来越少，人们对缸和坛子的需求越来越小了。

早期的农村生活基本自给自足，日常生活用品多是家庭自制，一般就地取材，每个农民都会多种手艺，大到建房搭屋，小到编筐织席，样样精通。当然也有专业的木匠、瓦匠、画匠等手艺人。现在的生产生活用具多是工厂生产的，很少有手工制作的了，那些父辈用双手制作出来的或粗陋或精致的生活用具，也逐渐淡出了我们的视野。

一、炊具

2-4◆道里

马勺 [ma²¹ʂau²⁴]

　　带柄的铁锅，用来炒菜。主要在城里使用，农村炒菜用大锅。

灶坑 [tsau⁵³kʰəŋ⁴⁴]

　　锅台中间的空膛，是用来添柴烧火的地方，包括"锅台腔子" [kuo⁴⁴tʰai²⁴tɕʰiaŋ⁴⁴tsʅ⁰] 和"灶坑门儿" [tsau⁵³kʰəŋ⁴⁴mər²⁴]。

2-2◆道里

焖罐 [mən⁴⁴kuan⁵³]

  一种有盖的圆桶形的锅，左右有两耳，用来焖饭或蒸馒头、包子等。有铝质的，也有不锈钢的。

2-5◆道里

锅台 [kuo⁴⁴tʰai²⁴]

  安锅的台子。早期用土坯和泥搭建。平地搭台，一面靠在厨房与卧室之间的墙上，其他三面用坯垒起，中间空膛，叫"锅台腔子"，台面上留圆孔用来安锅，下面留方孔添柴，叫"灶坑门儿"。一般的"锅台"上安两口锅。在"锅台"所依托的墙上，有一个洞，与炕相通，叫"喉巴眼儿"[xou⁴⁴pa⁰iɚ²¹³]，烧火产生的烟从"喉巴眼儿"进入"炕洞"，并穿过整个"炕洞"，最后从烟囱冒出。

锅 [kuo⁴⁴]

  炊事用具，早期农村用的锅是大铁锅，铸铁打造，家庭常用的锅是八"印儿"[iɚ⁵³]锅口直径的尺寸，一"印儿"约为10厘米和十二"印儿"的，也有更大的。一般的家庭用一口或两口。锅兼有做饭和做菜两种功能，一口锅下面炖菜，上面蒸饭，饭菜同时做好。电饭锅出现以后，做饭用电饭锅，大锅更多地用来炖菜。

2-3◆道里

2-1◆永胜

2-7◆永胜

锅叉儿 [kuo⁴⁴tṣʰar⁴⁴]

用来蒸饭菜的工具,蒸饭时放在锅里,它上面放装有待蒸饭菜的盆子、盘子等,它的底下炖菜。早期的"锅叉儿"是用树木的V形枝杈制作的,后来出现了金属打制的。

风匣子 [fəŋ⁴⁴ɕia²⁴tsɿ⁰]

烧火时用来鼓风的设备。一个木质箱体,里面安装插板,通过推拉插板产生风力。

2-10◆临江

2-6 ◆永胜

锅盖 [kuo⁴⁴kai⁵³]

盖锅用具，早期用木板打制，由两扇构成，每扇呈半圆形，很厚重，后期出现了金属的，金属锅盖不再分成两扇。

2-11 ◆临江

风葫芦 [fəŋ⁴⁴xu²⁴lou⁰]

烧火时用来鼓风的设备。铸铁打造，由轮轴、风箱等构成。风箱中安装扇叶，用皮带把扇叶轴和轮轴连接起来，轮轴上安装手柄，摇动手柄，轮轴带动扇叶轴旋转，扇叶旋转产生风力。

煤铲子 [mei²⁴tsʰan²¹tsʅ⁰]

往"灶坑"或炉子里填煤的工具。

炉钩子 [lu²⁴kou⁴⁴tsʅ⁰]

烧炉子的工具，把它探进炉箅子的缝隙，使炉灰从缝隙掉落，通风助燃。

2-8 ◆一面坡

2-9 ◆一面坡

哈尔滨 贰·日常用具

69

葫芦瓢 [xu²⁴lu⁰pʰiau²⁴]

将葫芦对半切开做成的瓢，主要用来盛水，也可以用来盛米、面等。

2-16◆拉林（关山月摄）

水桶 [ʂuei²⁴tʰuŋ²¹³]

用来提水或挑水的桶。早期的水桶是用木板箍成的，上方安装横梁，便于手提或用扁担挑。

掏耙 [tʰau⁴⁴pʰa²⁴]

掏灰工具，用它把"灶坑"里的灰烬掏出来。

2-13◆永胜

2-12◆石头河子

2-14◆石头河子

水筲 [ʂuei²¹ʂau⁴⁴]

　　用镀锡铁皮打制的圆柱形水桶，装有铁丝制作的梁，便于手提或用扁担挑。

2-15◆石头河子

喂大罗儿 [uei⁵³ta⁰luor²⁴]

　　一种口大底小的圆台形的桶，俄语词ведро的音译。由于口大，便于牛马等牲口的头伸进去，所以常用来给牲口喂水，喂饲料。

刷帚 [ʂua⁴⁴ʂu⁰]

刷锅工具，多用"笤帚穈子"[tʰiau²⁴tʂou⁰ mi²⁴tsʅ⁰]帚用高粱绑成，一般都由农家自制。

2-20◆永胜

笊篱 [tʂau⁵³li⁰]

用细铁丝等制成的能漏水的工具。早期笊篱主要用来捞小米饭，铁丝间间隙很小。

2-19◆永胜

水舀子 [ʂuei²⁴iau²¹tsʅ⁰]

用镀锡铁皮等打制的带柄的舀水工具。

2-18 ◆永胜

2-17 ◆永胜

水瓢 [ʂuei²¹pʰiau²⁴]

带梁的舀水工具，梁是木制的，瓢体是镀锡铁皮打制的，底小口大，底和口都呈椭圆形。

2-21 ◆拉林

酱模子 [tɕiaŋ⁵³mu²⁴tsʅ⁰]

做"酱块子" [tɕiaŋ⁵³kʰuai⁵³tsʅ⁰]（见图 4-79）的模具，多为长方形，木制。

筷笼子 [kʰuai⁵³luŋ²⁴tsɿ⁰]

装筷子的用具，正面和底面有镂空，可防止筷子发霉。

2-27◆道里

碗架子 [uan²¹tɕia⁵³tsɿ⁰]

用木头打制的装碗、盘子等的用具。里面一般有两层隔板，放置不同型号的盘子、碗、盆子等。20世纪70年代前打制的"碗架子"，柜门表面一般画有花卉等图案。

2-26◆永胜

2-24◆道里

2-23◆道里

盔子 [kʰuei⁴⁴tsʅ⁰]

  形状像盆但比盆小的餐具，用来盛菜或汤等。

蒜缸子 [suan⁵³kaŋ⁴⁴tsʅ⁰]

  捣蒜时盛蒜的用具。用来捣蒜的工具叫"蒜杵子"[suan⁵³tʂʰu²¹tsʅ⁰]。

茶缸子 [tʂʰa²⁴kaŋ⁴⁴tsʅ⁰]

  盛水用具，喝水的用具叫"缸子"[kaŋ⁴⁴tsʅ⁰]，喝酒的用具叫杯。喝水的玻璃杯叫"玻璃缸子"[pɤ⁴⁴li⁰kaŋ⁴⁴tsʅ⁰]，也叫"茶缸子"，图2-25这种搪瓷的只叫"茶缸子"。

2-25◆道里

2-22◆拉林

糕点模子 [kau⁴⁴tian²¹mu²⁴tsʅ⁰]

  做糕点的模具。木板上打圆孔，内刻花纹，做糕点时把备好的面糊注入其中。

哈尔滨　贰·日常用具

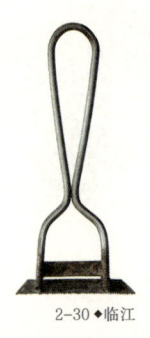

土豆儿挠子 [tʰu²¹tour⁵³nau²⁴tsɿ⁰]

削土豆皮的工具。

2-30 ◆临江

礤板儿 [tṣʰa²⁴per²¹³]

把土豆、萝卜、黄瓜等擦成丝的用具。早期的多是在木板中间钉一块金属片，片上凿开许多小窟窿，使翘起的鳞状部分成为薄刃片。现在也有直接在一块较大的金属片上凿小窟窿的，可以在同一块金属片上凿出大小不同的窟窿，以擦出粗细不同的丝。

2-29 ◆永胜

菜板子 [tsʰai⁵³pan²¹tsɿ⁰]

也叫"菜墩子"[tsʰai⁵³tuən⁴⁴tsɿ⁰]，切菜时垫在底下的用具。以前的"菜板子"多用大树根部锯下来的木头墩子做成，很厚重，现在的多用比较薄的木板或竹板拼接而成。

2-28 ◆一面坡

2-31 ◆临江

盖帘儿 [kai⁵³liɚ²⁴]

用结穗的那一节高粱秆穿成的圆形帘子，既可以用来盖盆子，也可以用来摆放饺子、馒头等食物，是一种用途广泛的生活用具。

蒸干粮帘子 [tʂən⁴⁴kan⁴⁴liaŋ⁰lian²⁴tsɿ⁰]

用高粱秆穿成的用来蒸豆包、馒头等食品的帘子。截取高粱秆根部较粗的部分用线穿在一起，切出规则的圆形，两端用木头做"堵头儿" [tu²¹tʰour²⁴]。这种帘子现在很少见，基本被铝、不锈钢等金属制成的帘子所取代。

2-32 ◆临江

哈尔滨　贰·日常用具

2-34◆临江

豆杵子 [tou⁵³tʂʰu²¹tsʅ⁰]

用木头做的捣豆子的工具，豆子煮熟后，用它捣成泥状。

2-33◆临江

席织篓儿 [ɕi²⁴tʂʅ⁴⁴lour²¹³]

用高粱箴子编的一种方形的、上面敞口的篓，把泡洗过的米盛在里面控水。

二 卧具

2-35 ◆临江

炕 [kʰaŋ⁵³]

　　用土坯或砖等搭建的睡觉的长方台。早期用土坯和泥搭建，后期也有用砖和水泥搭建的。上表面用泥抹平后，铺上"炕席"[kʰaŋ⁵³ɕi²⁴]（见图2-38）。炕体内设有"炕洞"。炕的一端与厨房里的灶相连，在卧室与厨房共用的墙上有一个洞，把灶膛和"炕洞"连通起来，另一端是烟囱。做饭的时候烧火产生的烟由灶膛经过"炕洞"再从烟囱冒出去，其热量正好给炕加热。也可以在"炕墙"[kʰaŋ⁵³tɕʰiaŋ²⁴]炕立面的墙底端掏一个"镶洞子"[naŋ²¹tuŋ⁵³tsɿ⁰]给炕加热的洞，专门给炕加热。

2-36 ◆永胜

哈尔滨　贰·日常用具

南北炕 [nan²⁴pei²¹kʰaŋ⁵³]

　　在同一房间的南面和北面各搭一"铺"炕。

79

2-37◆临江

炕沿 [kʰaŋ⁵³ian²⁴]

炕靠外一侧的边缘，镶有一根横木。

悠车儿 [iou⁴⁴tʂʰɤr⁴⁴]

吊在房梁上的摇篮。木制，椭圆形，两侧各打4个孔，穿上4根长长的绳子，挂在房梁上。小孩一般在半岁以前都放在上面。据说因为过去北大荒人烟稀少，常有野兽出没，大人下地干活担心孩子被野兽伤害，所以用它把孩子悬在空中。20世纪70年代在农村还有很多人家在用，现在没人用了。

2-39◆临江

2-41 ◆江北

枕头皮儿 [tṣən²¹tʰou⁰pʰiər²⁴]

枕套，套在枕芯外面的套子。

2-42 ◆道里

老虎枕头 [lau²⁴xu²¹ tṣən²¹tʰou⁰]

用花布做成的老虎形状的枕头，一般是老人给小孩子做的，既可以当枕头，也可以当玩具。

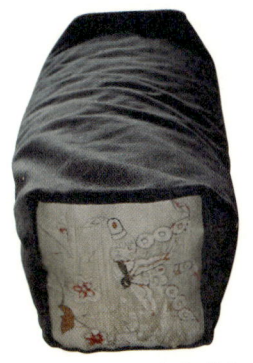

2-40 ◆江北

枕头 [tṣən²¹tʰou⁰]

躺着时垫在头下使头略高的东西。图2-40是早期的枕头，四个侧面用黑色棉布缝制，两端叫"枕头顶子"[tṣən²¹tʰou⁰tiŋ²¹tsɿ⁰]，正方形，多用织花的绸缎面料缝制。里边装满荞麦皮或谷子皮，较硬。

2-38 ◆临江

炕席 [kʰaŋ⁵³ɕi²⁴]

铺炕的席子。早期用高粱篾子编制而成，多是家庭手工编制。选择又直又粗的高粱秆，用刀剖成四半，把中间的穰刮掉，制成高粱篾子，然后编成席子。

三 桌椅板凳

2-45 ◆永胜

靠边儿站 [kʰau⁵³piɚ⁴⁴tʂan⁵³]

放在地上的用来吃饭的桌子，桌腿可折叠，不用时折上，立在一边。

炕桌儿 [kʰaŋ⁵³tʂuor⁴⁴]

放在炕上的用来吃饭的桌子，用木头打制，桌面为长方形。

2-43 ◆永胜

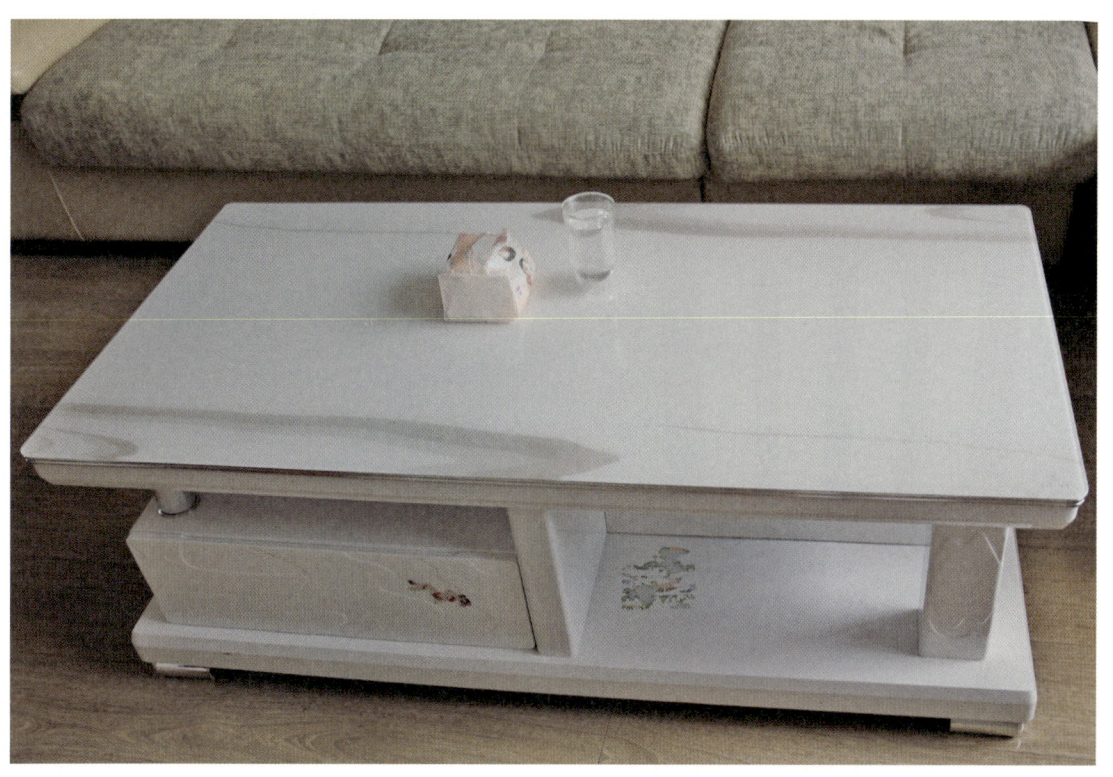

2-46◆江北

茶几 [tʂʰa²⁴tɕi⁴⁴]

放茶具等物品的家具，一般摆放在沙发前面。茶几在城里比较普遍，农村较少。早期多为木质的，现在也有玻璃、石头等多种材质的。

八仙桌儿 [pa⁴⁴ɕian⁴⁴tʂuor⁴⁴]

桌面为正方形的木头桌子，用来写字、吃饭等，一般放在炕上使用。

2-44◆永胜

椅子 [i²¹tsʅ⁰]

木头打制的有靠背的坐具。

2-47◆永胜

小板凳腿儿 [ɕiau²⁴pan²¹təŋ⁵³tʰuər²¹³]

木头打制的较小较矮的板凳，一般烧火、洗衣服、乘凉时坐。

2-50◆永胜

2-49 ◆永胜

长条儿凳 [tṣʰaŋ²⁴tʰiaur²⁴təŋ⁵³]

用木头打制的坐具，凳面为长条形，可坐多人。

2-48 ◆一面坡

2-51 ◆道外

板凳 [pan²¹təŋ⁵³]

用木头打制的坐具，凳面为长方形或正方形。

马扎儿 [ma²¹tṣar²⁴]

一种小型坐具，腿儿可以分开，可以合拢，分开时交叉作为支架。上面绷帆布或麻绳等。

四 其他用具

2-54 ◆巴彦

脸盆儿架子 [lian²¹pʰər²⁴tɕia⁵³tsʅ⁰]

放置脸盆的架子。早期多木质的，后来也有铁质的。

2-53 ◆一面坡

2-52 ◆巴彦

洗脸盆子 [ɕi²⁴lian²¹pʰən²⁴tsʅ⁰]

脸盆。现在常见的脸盆是搪瓷的，盆底多带花朵、双喜字等图案。

铜盆 [tʰuŋ²⁴pʰən²⁴]

脸盆。早年的脸盆是铜的，所以到现在还有老人把脸盆称为"铜盆"。

扫帚 [sau⁵³tʂou⁰]

除去尘土、垃圾等的用具，主要用于室外，多用竹子绑成。

2-56◆道外

笤帚 [tʰiau²⁴tʂou⁰]

除去尘土、垃圾等的用具，主要用于室内。早年的笤帚用"笤帚糜子"绑成，柄长一点的用来扫地，叫"大笤帚"，柄短一点的用来扫炕，叫"笤帚疙瘩"[tʰiau²⁴tʂou⁰ka⁴⁴ta⁰]。

2-55◆永胜

2-59 ◆永胜

2-62 ◆永胜

掌锤子 [tʂaŋ²¹tʂʰuei²⁴tsʅ⁰]

一种兼有起钉子和钉钉子两种功能的用具，由锤头和锤柄两部分构成。锤头的一端是圆形的，可以钉钉子，另一端是带弧形的平面，平面上有V形豁口，用来起钉子。锤柄有木头的，也有铁的。

蜡台 [la⁵³tʰai²⁴]

固定蜡烛的用具。下面有底座，上面有比蜡烛略粗一点的插孔，把蜡烛插入其中。"蜡台"有多种材质的，底座木质、铁质的居多，像图2-62这种瓷质的比较少见。

2-61 ◆永胜

2-63 ◆永胜

气死风灯 [tɕʰi⁵³sʅ²¹fəŋ⁴⁴təŋ⁴⁴]

也叫"马灯"[ma²¹təŋ⁴⁴]，一种手提的煤油灯，外面有一层罩，可以防风雨。骑马夜行时可挂在马身上。

灯窝儿 [təŋ⁴⁴uor⁴⁴]

在两个房间共用的墙壁上凿出来的放置煤油灯或蜡烛的地方，灯或蜡烛置于其上，使两个房间共用一个光源。

2-60 ◆ 永胜

2-58 ◆ 永胜

洋油灯 [iaŋ²⁴iou²⁴təŋ⁴⁴]

　　用煤油做燃料的灯。一般用玻璃做灯身，棉花捻儿做灯芯。20 世纪 70 年代农村还在使用，现在基本没有了。

棒槌 [paŋ⁵³tʂʰuei⁰]

　　以前浆洗衣物时用来捶打衣物的工具，用木头做成。

晾衣绳儿 [liaŋ⁵³i⁴⁴ʂə̃r²⁴]

　　晾晒衣服的绳子。

2-57 ◆ 永胜

哈尔滨　贰·日常用具

2-67 ◆一面坡

2-65 ◆永胜（高寒摄）

坛子 [tʰan²⁴tsʅ⁰]

较矮的肚子大口小的用具，用来装咸菜、酱等。

烙铁 [lau⁵³tʰie⁰]

放在火盆里的拨火用具。也是早期的小型熨烫工具，烧热后可用来熨烫衣物，主要用它熨烫衣物较窄的缝隙和边角。

2-69 ◆永胜

2-68 ◆一面坡

大缸 [ta⁵³kaŋ⁴⁴]

容量大的缸，用途非常广泛。用它装水时叫水缸，装米时叫米缸，腌酸菜的叫酸菜缸，腌咸菜的叫咸菜缸，装猪食的叫猪食缸，等等。

酒坛子 [tɕiou²¹tʰan²⁴tsʅ⁰]

装酒的坛子。在没有玻璃瓶子的年代，把酒装在坛子里，现在也可用它装"散酒"[san²¹tɕiou²¹] 散装酒。

2-64◆永胜

火盆 [xuo²¹pʰən²⁴]

农村盛炭火取暖的器具，用黄泥打制。做饭时柴草充分燃烧后剩下的炭火，从"灶坑"里扒出来装进火盆。火盆放在炕上，大家围坐在火盆旁烤火、抽烟袋、聊天。火盆也可以烧烤食物，如烧土豆、烧鸡蛋、烧豆包，还可以在火盆里煨辣椒酱、煨肉等。

炉子 [lu²⁴tsʅ⁰]

用铁皮打造的取暖设备。早期里边烧木头、"苞米瓤子"[pau⁴⁴mi²¹iaŋ²⁴tsʅ⁰]玉米芯，后来也可以烧煤。

2-66◆一面坡

2-70 ◆一面坡

小缸腿儿 [ɕiau²¹kaŋ⁴⁴tʰuər²¹³]

容量较小的缸，是图 2-70 中居右者，主要用来装咸菜、酱等。

2-72 ◆永胜

2-71 ◆道里

瓷盆儿 [tsʰʅ²⁴pʰər²⁴]

瓷质大盆，比普通盆子大、厚，主要用来发面、发豆芽等。现在很少见了。

迫缸 [pʰai²¹kaŋ⁴⁴]

上下几乎一样粗细的缸，比"大缸"（见图 2-69）矮、粗。

炕琴 = [kʰaŋ⁵³tɕʰin²⁴]

立在炕上背靠一面墙的家具，主要用来装被褥，也可以装衣服。

立柜 [li⁵³kuei⁵³]

　　立在地上的衣柜。早期的"立柜"与"炕琴="（见图2-73）相似，只不过高度略有增加。后来样式不断出新，20世纪80年代以后，样式与现代衣柜基本相仿。

2-76◆临江

对柜儿 [tuei⁵³kuər⁵³]

　　成对的小柜子，用木头打制，用来装衣服等。

2-75◆临江

2-74 ◆临江

大柜 [ta⁵³kuei⁵³]

　　早年用木头打制的主要家具，先把木头表面刨平，上底色，底色多为红色，圈金色边框，中间画图案，多为牡丹等代表富贵的花卉，画完后刷清油。为这类柜子绘画的工匠，是农村很稀缺的手艺人。20 世纪 70 年代以后，大工厂生产的家具代替了手工打造的家具，画匠也基本消失了。

被橱儿 [pei⁵³tʂʰur²⁴]

　　在炕所依建的墙壁上凿出的一个较小的空间，用来装被褥等。

2-77 ◆一面坡

哈尔滨　贰·日常用具

95

2-79◆临江

筐头子 [kʰuaŋ⁴⁴tʰou²⁴tsʅ⁰]

用较细的榆树条等编成的不带梁的扁圆形用具，用来装瓜菜或晾粮食。

2-80◆一面坡

小篓儿 [ɕiau²⁴lour²¹³]

用高粱篾子编的小型用具，敞口，用来装鸡蛋及其他一些零碎杂物。

槽子 [tsʰau²⁴tsʅ⁰]

给家畜喂食、喂水的用具。

2-82◆永发

2-78◆临江

小筐儿 [ɕiau²¹kʰuãr⁴⁴]

用较细的榆树条等编的带梁的小型用具，可以装瓜果、种子或野菜等。

2-81◆道外

扩筐儿 [kʰuai²¹kʰuãr⁴⁴]

也叫"笆斗儿" [pa⁴⁴tour²¹³]、"腰筐" [iau⁴⁴ kʰuaŋ⁴⁴]、"篓儿" [lour²¹³]，用荆条等编成的带梁用具，上部边沿近椭圆形，多装干菜、鸡蛋等。

烟插板儿 [ian⁴⁴tʂʰa²¹pɚ²¹³]

离烟囱位置较近的插在墙上的一种开关，一般为一块木板或一块铁皮，烧火的时候打开，让烟冒出去，等烟散完了，再插上。插上它既可以防止"炕洞"的热量散失，也可以防止冷气从烟囱进入"炕洞"，从而保持炕的温度。

2-83◆一面坡

2-87 ◆ 双城

草鸡窝 [tsʰau²¹tɕi⁴⁴uo⁴⁴]

用稻草或麦秸编的供母鸡下蛋的窝。有保暖作用，可在一定程度上防止低温条件下鸡蛋被冻裂。

梯子 [tʰi⁴⁴tsʅ⁰]

便于人上下的用具。用木头钉制，两边两根长木做帮，中间横着钉若干根不同长度的短木。

2-88 ◆ 一面坡

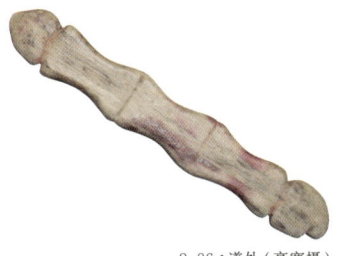

2-86 ◆道外（高寒摄）　　　　　　　　　　2-84 ◆临江

线板子 [ɕian⁵³pan²¹tsʅ⁰]

也叫"线穗儿"[ɕian⁵³suər⁵³]，用木板做的缠线用具，也有用骨头做成的。

大笸箩 [ta⁵³pʰɣ²¹lou⁰]

一种用纸浆手工打制的装杂物的用具，放在炕上使用。把废纸或纸壳子等泡成纸浆，糊在铁盆的外面，阴干定型后取下盆子，然后用牛皮纸糊结实，请画匠在外层绘制花卉图案，或用烟盒纸、糖纸、彩纸等裱糊。主要用来装一些零碎的日常用品。以前在农村非常常见，现在很少见了。

小爬溜儿 [ɕiau²¹pʰa²⁴liour⁴⁴]

用木板钉成的小型爬犁，冬天地面被冰雪覆盖后非常光滑，用它拉东西可以节省力气。它既是拉东西的工具，也是孩子们的玩具。

2-85 ◆一面坡

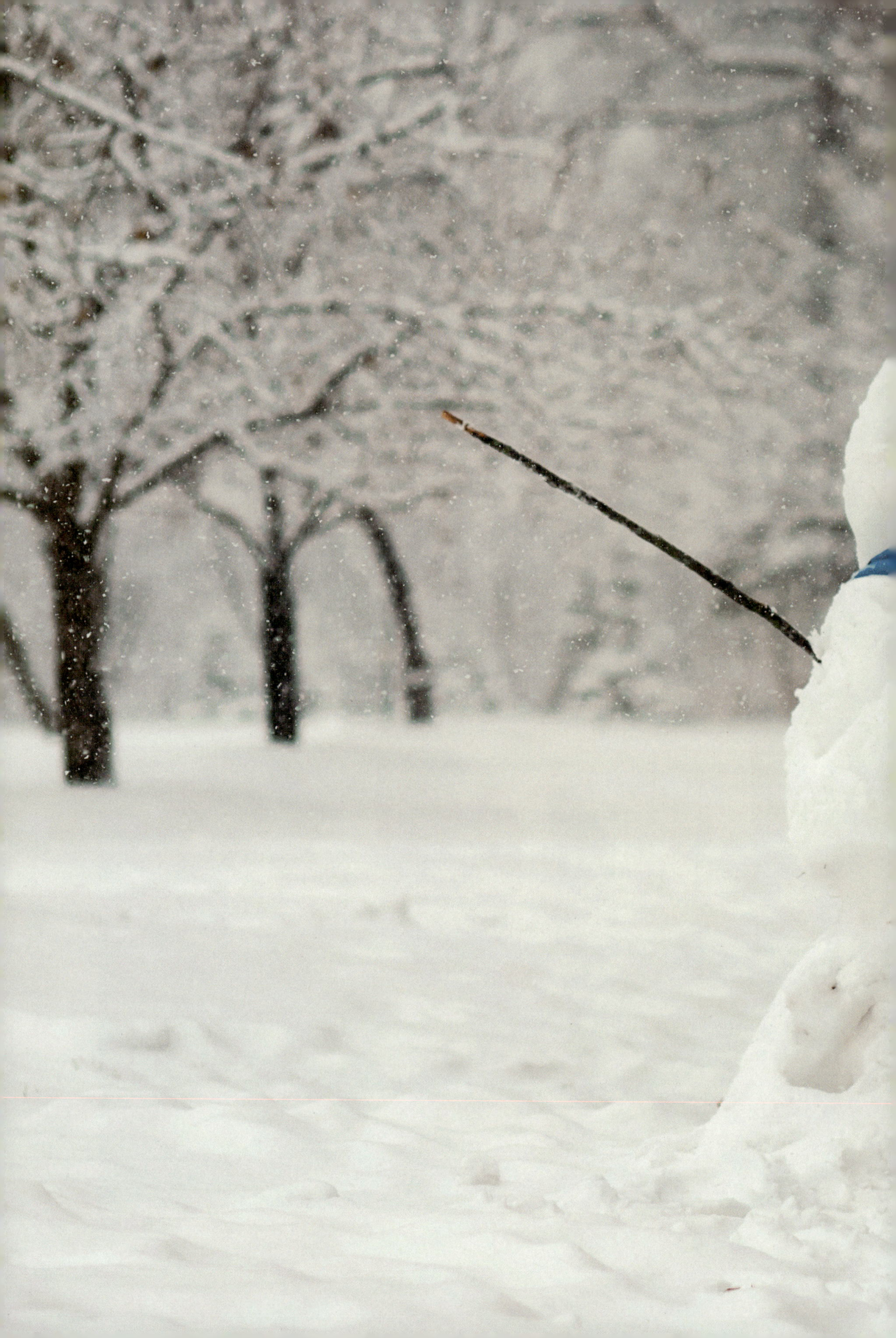

叁 · 服饰

图片来源：视觉中国

哈尔滨城市多元性的历史和文化，对哈尔滨人的衣着打扮也产生了重要影响。中东铁路修筑以前，哈尔滨人的服装以长袍马褂、短袖旗袍为主，中东铁路修筑以后，大量侨民涌入哈尔滨，其中俄罗斯侨民对哈尔滨服饰文化影响最为明显。当时的俄侨，男士西装革履，女士一般以其民族服装为主，夏天穿连衣裙，冬季穿毛呢长裙。外来服饰文化冲击了哈尔滨人传统的服饰观念，对哈尔滨人的穿衣风格产生重要影响，使哈尔滨形成独有的时尚品味。现在的哈尔滨人穿着更加讲品味、赶时髦、求漂亮，四季追随流行款式。

不同时期，不同群体，对服装的要求表现出很大的差异性。20世纪初期，受西方侨民影响，哈尔滨开始流行西装和裘皮服装，20年代末，穿裘皮大衣是时尚、富贵的标志，今天，在大雪中穿裘皮依然是哈尔滨人追求的一种时尚。新中国成立初期，哈尔滨人普遍穿简朴的中山装、干部服等制服，冬季穿棉袄棉裤。80年代，羽绒服兴起，冬季毛衣外边穿羽绒服，棉袄基本被取代。

对于生活困难的群体来说，冬季服装的保暖性最为重要，尤其是长期在户外工作

的人，对服饰的保暖性要求更高。为了保暖，不得不穿得十分臃肿，除了棉衣、棉裤外，还要穿更厚的棉大衣或羊皮大衣。

以前衣服都是自己缝制，做棉衣是家庭主妇的一项重要工作，后来逐渐出现了定做衣服的服装店，人们买了布料送到店里去做。现在，定做的也极少了，所有衣服都可以在商场买。

鞋子分棉鞋和"夹鞋"[tɕia²¹ɕie²⁴]单鞋，夏天还有凉鞋。以前生活条件好的人买皮鞋穿，条件差些的人就要自家手工缝制鞋子。传统手工方法做鞋工序很烦琐，所以做鞋是家庭主妇一项很繁重的针线活。后来有了工厂生产的鞋，棉鞋、单鞋都可以买来穿，做鞋这项活计渐渐退出人们的生活。现在不论城里乡下，几乎都有条件穿皮鞋了。

哈尔滨一带首饰等装饰品并不多，主要有耳环、手镯、戒指、项链等。以前一般百姓戴首饰的不多，现代生活水平提高了，戴首饰的人也多了起来。

一 衣裤

3-2 ◆江北

棉猴儿 [mian²⁴xour²⁴]

  风帽连着衣领的棉大衣，因穿上样子像猴子而得名。

棉大衣 [mian²⁴ta⁵³i⁴⁴]

  用棉花做的穿在棉袄外面的大衣，比棉袄更厚更长，这种大衣一般有一条用人造毛皮做成的领子。

3-3 ◆永胜

3-1 ◆永胜

羊皮袄 [iaŋ²⁴pʰi²⁴nau²¹³]

用羊皮做里子的大衣，穿在棉袄外面。以前人们在户外工作，需要这样的大衣御寒，现在已很少见。

3-4 ◆江北

开裆裤 [kʰai⁴⁴taŋ⁴⁴kʰu⁵³]

幼儿穿的裆部开口的裤子。

3-5 ◆道里

棉裤 [mian²⁴kʰu⁵³]

里面絮棉花的裤子。棉裤和棉袄统称棉衣，是东北过冬必备的衣服，以前都是家庭主妇手工缝制，一般准备薄厚两套。现在基本没有手工缝制的了，棉衣也不都用棉花做了，出现了各种保暖材料。

3-12 ◆江北

3-10 ◆江北

嘎啦 [ka⁵³la⁰]

围在小孩脖子上的圆形口水巾。

兜兜 [tou²⁴tou⁰]

小孩穿的肚兜，防止着凉。

布拉吉 [pu⁵³la²⁴tɕi⁰]

连衣裙。俄语词платье的音译。

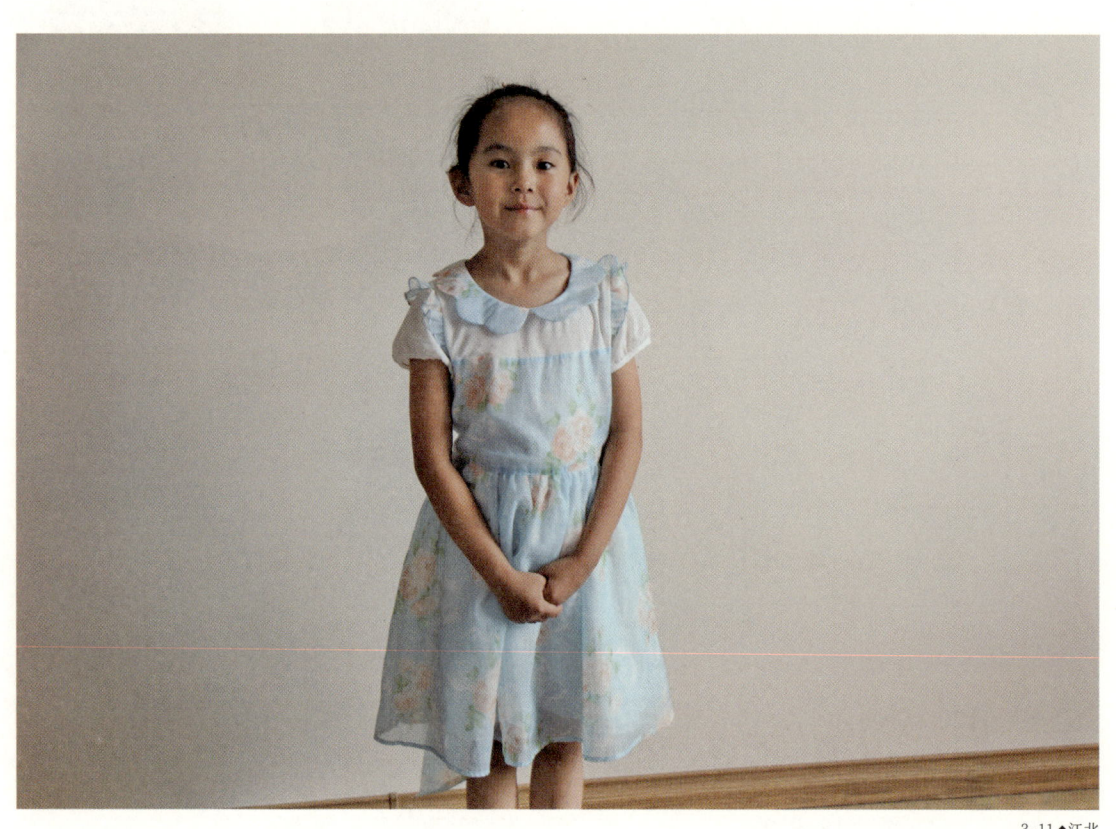

3-11 ◆江北

3-6◆道里

大裤头儿 [ta⁵³kʰu⁵³tʰour²⁴]

外穿短裤。

3-7◆道里

条背心儿 [tʰiau²⁴pei⁵³ɕiər⁴⁴]

无袖的背心。一般为白色，棉质。

3-8◆道里

线儿衣 [ɕier⁵³i⁴⁴]

较薄的衬衣。最早的"线儿衣"是腈纶的，只有紫红色一种，开运动会时拿它当运动服穿，后来出现了各种材质和各种颜色的。

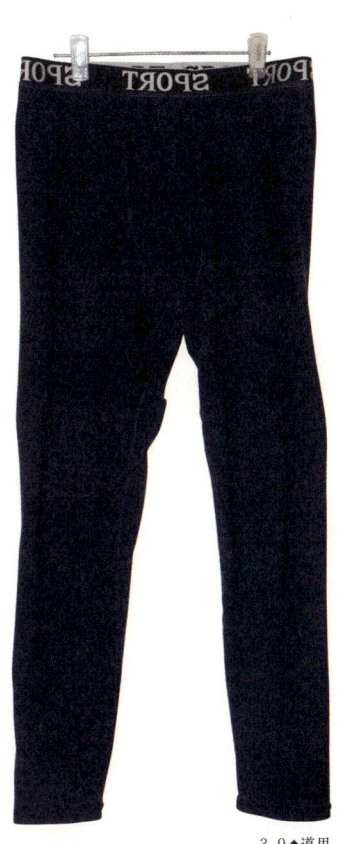

3-9◆道里

线儿裤 [ɕier⁵³kʰu⁵³]

较薄的衬裤。最早的"线儿裤"是腈纶的，后来出现了棉质及其他材质的。

哈尔滨 叁·服饰

二 鞋帽

3-16 道里

头巾子 [tʰou²⁴tɕin⁴⁴tsʅ⁰]

戴在头上保暖的方巾。以前每个女子都有一条或几条，近年来农村还有人戴，城市女性已经不戴了。

水獭帽子 [ʂuei²⁴tʰa²¹mau⁵³tsʅ⁰]

用水獭皮做里子的帽子。

狗皮帽子 [kou²¹pʰi²⁴mau⁵³tsʅ⁰]

用狗皮做里子的帽子，现在没有了。

3-14 永胜

3-13 永胜

3-19 ◆永胜

3-17 ◆永胜

绣花儿鞋 [ɕiou⁵³xuar⁴⁴ɕie²⁴]

鞋面绣花的鞋，现在基本上没有人穿了。

懒汉棉鞋 [lan²¹xan⁵³mian²⁴ɕie²⁴]

用有弹力的松紧布控制松紧的棉鞋。因为以前的鞋都要系鞋带，钉了松紧布之后不用系鞋带了，所以叫"懒汉棉鞋"。

3-18 ◆永胜

3-15 一面坡

船鞋 [tʂʰuan²⁴ɕie²⁴]

形状像小船的方口鞋。

毡绒帽子 [tʂan⁴⁴ʐuŋ²⁴mau⁵³tsʅ⁰]

人造毛皮做里子的帽子。

手捂子 [ʂou²⁴u²¹tsʅ⁰]

只分出一个大拇指的棉手套。

3-25 ◆永胜

手闷子 [ʂou²¹mən⁴⁴tsʅ⁰]

也叫"手巴掌"[ʂou²¹pa⁴⁴tʂaŋ⁰]，只分出一个大拇指的毛线手套。

3-26 ◆道里

靰鞡草 [u⁵³la⁰tsʰau²¹³]

垫在"靰鞡"（见图3-23）里起保暖作用的一种草。垫的时候先用榔头砸软。过去的东北三宝之一。过去的东北三宝为：人参、貂皮和"靰鞡草"，现在的东北三宝为：人参、貂皮和鹿茸。

3-24 ◆永胜

鞋底子 [ɕie²⁴ti²¹tsɿ⁰]

　　鞋的着地部分。图 3-21 是过去手工制作的鞋底，里面用几层"袼褙"[kɤ⁴⁴pə⁰]把旧布或碎布加糨糊粘成的厚片叠在一起粘结实，外面包上白色棉布，再用麻线绳纳好。纳鞋底讲究针脚细密，大小一致，横向、竖向、斜向都要成行，纳得好的鞋底如同一件艺术品。纳鞋底的水平代表一个女人针线活的水平。

3-21◆永胜

靰鞡 [u⁵³la⁰]

　　用生牛皮做成的一种鞋，很硬，鞋前头打很多褶。鞋子很大，里面絮"靰鞡草"（见图 3-24）保暖。现在没有人穿了。

3-23◆永胜

3-22◆永胜

3-20◆永胜

小脚儿鞋 [ɕiau²⁴tɕiaur²¹ɕie²⁴]

　　以前小脚女人穿的鞋，很小，鞋头很尖，现在女人不裹脚了，也没有人穿这种鞋了。

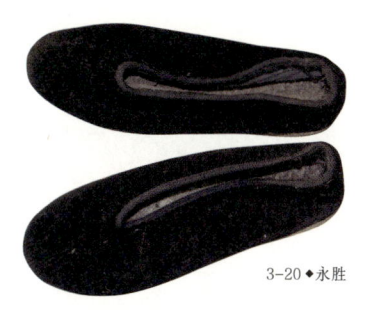

老头儿鞋 [lau²¹tʰour²⁴ɕie²⁴]

　　圆口鞋。因为方便穿脱，深受老年人喜爱，所以叫"老头儿鞋"。

三 首饰等

3-27 ◆临江

大绫子 [ta⁵³liŋ²⁴tsʅ⁰]

女孩子的头饰，用绸带做成，多数是红色或粉色的，也有其他颜色的，扎在发辫上打成蝴蝶结。

手绢儿 [ʂou²¹tɕyɚ⁵³]

以前用来擦汗、擦手的小方巾，女性用的一般带小碎花图案，男性用的一般带格子图案或无图案。手绢也是女孩子的游戏道具，玩丢手绢、过家家等游戏都离不开它。

3-31 ◆道里

3-28◆临江

3-29◆临江

耳环 [ɚ²¹xuan²⁴]

戴在耳朵上的装饰品。图 3-28 是 20 世纪 80 年代流行的一款"桃耳环"[tʰau²⁴ɚ²¹xuan²⁴]，取逃避灾祸之寓意。

手镏儿 [ʂou²¹liour⁴⁴]

戒指。常见的戒指多为金的或银的，以前银戒指很常见，现在金戒指更多。图 3-29 是一枚以前很常见的银戒指。

镯子 [tʂuo²⁴tsʐ⁰]

戴在手腕上的饰品，有金、银、玉等多种材质。

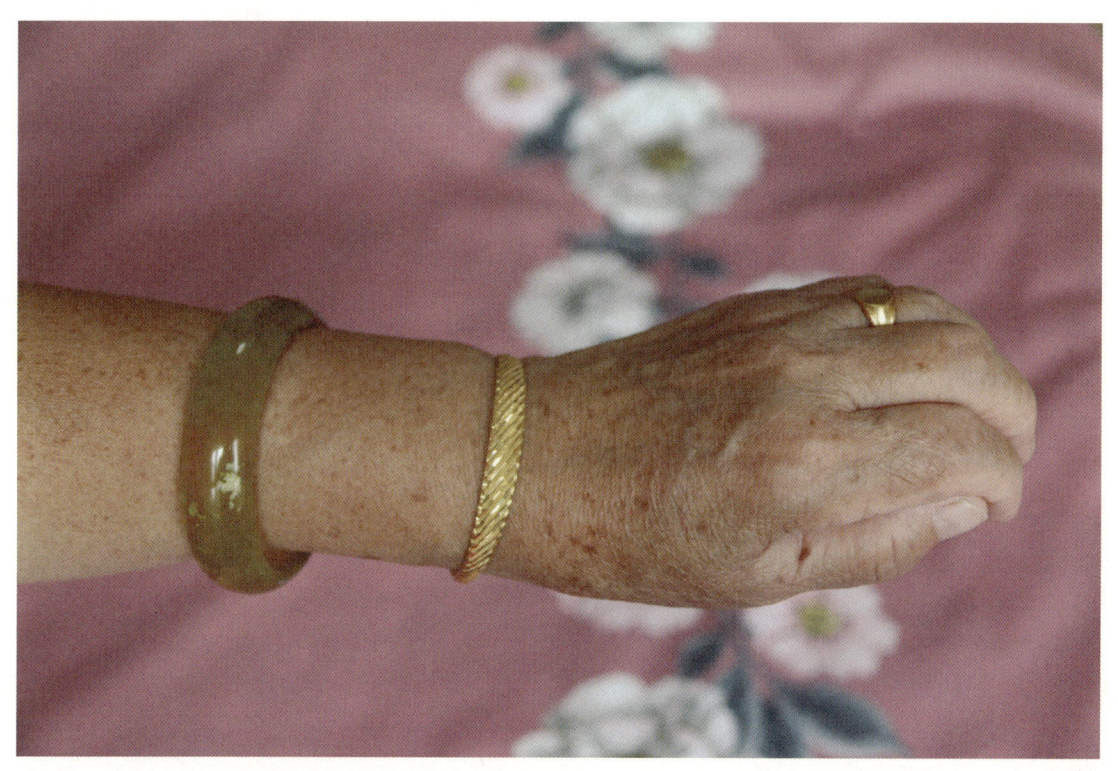

3-30◆道里

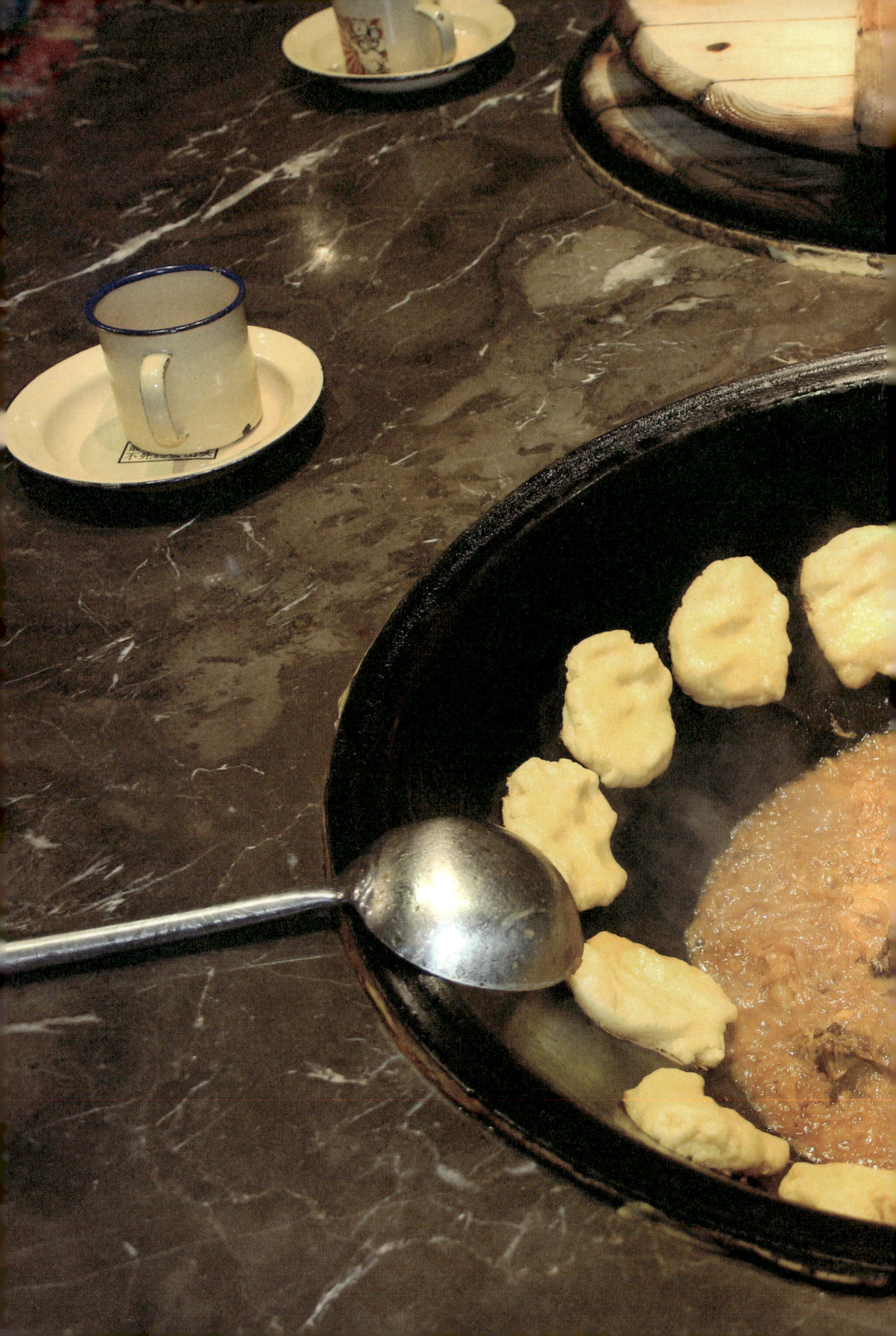

肆·饮食

哈尔滨的饮食有明显的城乡差别。城市的饮食文化呈现多元特点，中式餐饮、西式餐饮、中西合璧餐饮各具特色、兼容并包。农村饮食与黑龙江其他地域基本相同，突出的特点是以炖为主要烹饪方式。

哈尔滨中式传统餐饮主要是闯关东的河北、山东移民带来的京鲁饮食，其中鲁菜占据最重要位置。20世纪初期，哈尔滨开办了一些大型京鲁风味的中式饭店，此外，还兴起了一批中小型风味饮食店铺，张包铺是道外区第一家饮食店铺，之后范记独一处的三鲜饺子，魁元阁的排骨包子，顺香斋的鸡丝馄饨、肉火勺等相继兴起，逐渐形成了道外饮食商业圈，后逐渐发展，形成老道外饮食街。老道外饮食传承至今，现在仍然是哈尔滨的一大特色。

哈尔滨是中国最早传入西餐的城市之一，尤以俄式西餐闻名。2017年7月哈尔滨获得中国饭店协会颁发的"中国西餐之都"称号。哈尔滨拥有不同风格的西餐：早期比较有名的西餐厅如1905年开办的中东铁路俱乐部西餐厅，这是一家大型俄式宴会厅；1906年开办的马迭尔西餐饭店，这是一家法式西餐厅；还有1925年开办的华

梅西餐厅，华梅西餐至今仍然是哈尔滨的品牌西餐。西式餐饮对哈尔滨人的饮食影响非常明显，已融入普通百姓的日常饮食中，如秋林"红肠儿"[xuŋ²⁴tʂʰãr²⁴]（见图4-80）、面包等俄式食品已经成为哈尔滨人日常饮食中不可或缺的部分。

已有一百二十年历史的老厨家是哈尔滨最具代表性的中西合璧式餐饮，融满族传统菜、京鲁菜、南方菜与西式烹饪的技法于一体，中西合璧，南北交融，并开创了自制西餐的先河。老厨家创制的"锅包肉"[kuo⁴⁴pau⁴⁴ʐou⁵³]（见图4-61）是中西合璧菜品的代表，它是在中菜焦炒肉片的基础上配合俄罗斯人喜食酸甜的饮食习惯改制而成的。

哈尔滨农村饮食文化具有鲜明的东北特色。早期主食以玉米、高粱、小米等粗粮为主，大米、白面相对较少。当时代表性的主食有"大饼子"[ta⁵³piŋ²¹tsʐ⁰]（见图4-32）、"大碴粥"[ta⁵³tʂʰa²⁴tʂou⁴⁴]（见图4-8）、"小米饭"[ɕiau²⁴mi²¹fan⁵³]。烹调方式以炖为主。以前夏天主要炖茄子、豆角等，冬天主要炖土豆、白菜。哈尔滨人尤其喜欢"蘸酱菜"[tsan⁵³tɕiaŋ⁵³tsʰai⁵³]（见图4-58），常用小葱、小白菜、香菜、小萝卜菜等蘸酱生食。

4-3◆道里

糖三角儿 [tʰaŋ²⁴san⁴⁴tɕiar²¹³]

　　三角形的包糖面食，面粉发酵后，揪成剂子，擀薄，包上糖（一般包红糖），捏成三角形，放锅里蒸熟。

4-2◆道里

卷子 [tɕyan²¹tsʅ⁰]

　　也叫"花卷儿"[xua⁴⁴tɕyɐr²¹]，面粉蒸制的食品，多卷成螺旋状，是一种家常面食。多是面粉发酵后蒸制，面发好后，加碱，揉成面团，然后擀薄，抹一层油（也有往油里加盐和葱花的），卷成卷，切成条，拧出花样，放锅里蒸熟。也有不经过发酵直接蒸制的。

米汤 [mi²¹tʰaŋ⁴⁴]

"捞饭" [lau²⁴fan⁵³] 先把米煮软再捞出来蒸时煮米的汤或粥里、"稀饭" [ɕi⁴⁴fan⁵³] 里的汤。捞完饭后，米汤盛在盆里，可以喝，也可以炖菜，用米汤炖的菜，口感黏稠顺滑，比用清水炖的菜好吃。图4-6为煮小米的汤。

4-6 ◆道里

4-5 ◆道里

4-4 ◆道里

二米饭 [ɚ⁵³mi²¹fan⁵³]

大米和小米掺在一起蒸的米饭。

干饭 [kan⁴⁴fan⁵³]

用大米或小米捞的或焖的饭，是相对于"稀饭"和粥来说的。

4-1 ◆道里

4-7 ◆道里

馒头 [man²⁴tʰou⁰]

面粉发酵后蒸制的食品，上圆下平，是一种家常面食。

苞米面儿糊涂 [pau⁴⁴mi²¹mier⁵³xu²⁴tu⁰]

用玉米面做的面糊。水烧开后，把玉米面撒在里面，用勺子搅动，十分钟左右即可食用。

4-8 ◆道里

大楂粥 [ta⁵³tʂʰa²⁴tʂou⁴⁴]

　　也叫"苞米楂子粥"[pau⁴⁴mi²¹tʂʰa²⁴tsʅ⁰tʂou⁴⁴]，用玉米磨成的较大的碎粒做的粥，是以前常见的主食。煮前先浸泡，泡好后放进大锅里，放红芸豆，加碱，煮至软烂。以前煮"大楂粥"用大锅，用碱，煮出来又烂又香，现在家里煮"大楂粥"的很少了，如果煮大多用电饭锅，加小苏打，味道远远不如以前了。喝"大楂粥"时人们喜欢搭配咸鸭蛋。

4-13 ◆道里

打卤儿面 [ta²⁴lur²¹mian⁵³]

　　也叫"过水面"[kuo⁵³ʂuei²¹mian⁵³]、"手切面"[ʂou²¹tɕʰie⁴⁴mian⁵³]、"手擀面"[ʂou²⁴kan²¹mian⁵³]，拌卤吃的面条。面粉加水和好，擀薄，切细条。锅里加水烧开，面条下锅，煮熟后在凉水里过一下。吃时拌卤，常吃的卤有酸菜卤、肉卤、茄子卤等。

4-9 ◆道里

水饭 [ʂuei²¹fan⁵³]

　　用凉水泡的饭，主要用凉水泡"大楂粥"，也可以泡米饭。在炎热的夏天，用深井里打出来的凉水泡饭，吃起来凉爽舒畅。

4-11 ◆道里

小米粥 [ɕiau²⁴mi²¹tʂou⁴⁴]

　　用小米熬的粥，小米加清水熬熟。哈尔滨地区的旱田可以种谷子，过去在农村小米是主要口粮，经常用来"捞饭"，也可以熬粥。

4-12◆道里

大米粥 [ta⁵³mi²¹tʂou⁴⁴]

用大米熬的粥，用大米加清水熬熟，不加任何调味品。

4-14◆道里

挂面 [kua⁵³mian⁵³]

用面粉制作的干面条，经悬挂晾干等工艺制成。由于比现做面条方便，因此很受欢迎，几乎成为家庭必备的主食。

4-10◆道里

稀饭 [ɕi⁴⁴fan⁵³]

用剩饭煮的粥。煮"稀饭"叫"烫稀饭"[tʰaŋ⁵³ɕi⁴⁴fan⁵³]或"冒稀饭"[mau⁵³ɕi⁴⁴fan⁵³]。哈尔滨的"稀饭"和粥是有区别的，粥是用生米煮的，煮粥叫"馇粥"[tʂʰa⁴⁴tʂou⁴⁴]。

4-15◆道里

片儿汤 [pʰier⁵³ tʰaŋ⁴⁴]

也叫"面片儿"[mian⁵³pʰier⁵³]，用较宽的面条做的带汤面食。把面和好擀薄切成宽条，放油、葱花等炝锅，放少量蔬菜，加水放盐烧开，把宽面条下到汤里，煮好后汤和面一起吃。

4-18 ◆道里

4-17 ◆道里

糖饼 [tʰaŋ²⁴piŋ²¹³]

用糖做馅料的饼，有发面的，也有不发面的。把和好的面揪成剂子，擀薄，包上糖捏紧再擀薄。锅里放油，加热后把擀好的饼放锅里烙熟。

油饼 [iou²⁴piŋ²¹³]

卷油烙制的饼，家常面食。面和好，擀薄，刷一层油，卷上，揪成剂子，再擀薄。锅里放油，加热后把擀好的饼放锅里烙熟。

疙瘩汤 [ka⁴⁴ta⁰tʰaŋ⁴⁴]

用面疙瘩做的带汤面食。面粉里加少量水，一边加水一边用筷子"拨拉"[pu⁴⁴la⁰]反复拨出面疙瘩。锅内炝汤，把面疙瘩下到汤里，煮熟即可。疙瘩汤也是东北人很喜爱的一种食物，伤风感冒，就"拨拉"一碗疙瘩汤，趁热吃下发汗。

4-16 ◆道里

发面儿饼 [fa⁴⁴mier⁵³piŋ²¹³]

用发酵的面烙制的饼。面发好之后加碱或小苏打，揪成剂子，擀薄后烙熟。

包子 [pau⁴⁴tsʅ⁰]

带馅的面食。皮是发面的，馅有肉的也有素的，一般个头较大。

4-19 ◆道里

4-20 ◆道里

二 副食

4-22 ◆道外

槽子糕 [tsʰau²⁴tsʅ⁰kau⁴⁴]

用面、油、糖、鸡蛋等加工而成的一种传统糕点，香甜松软。槽子糕是以前过年时看望长辈的常备礼品，用黄色的包装纸包成方方正正的包，然后用纸绳捆好，包上后包装纸很快被油浸透，浓郁的香味随之飘出。

桃酥 [tʰau²⁴su⁴⁴]

用面、油、糖、芝麻等加工而成一种圆形大块的传统饼干，口感酥脆香甜。

光头儿 [kuaŋ⁴⁴tʰour²⁴]

面粉发酵后烤制的一种传统糕点，形状像小馒头，口感接近面包。

4-23 ◆道外

4-21 ◆道外

4-30◆道里

马迭尔面包 [ma²¹ti⁵³ɚ²¹mian⁵³pau⁴⁴]

马迭尔餐饮的代表性食品。1906年，法籍犹太人开斯普在哈尔滨中央大街上创建了马迭尔宾馆，同时开办了哈埠首家西式冷饮厅，供应面包、冰点等各种西式点心和冷盘。马迭尔面包是马迭尔餐饮系列的重要组成部分，加工工艺是在俄罗斯和欧洲双重工艺影响下形成的，风味独特。后又借鉴国内烘焙技术开发了很多新产品，图4-30是"马迭尔面包"系列中的"小槽子面包" [ɕiau²¹tsʰau²⁴tsʅ⁰mian⁵³pau⁴⁴]，属于后开发品类，面里加葡萄干，味道酸甜，口感松软，是目前很受欢迎的一款马迭尔面包。

长白糕 [tʂʰaŋ²⁴pai²⁴kau⁴⁴]

用面、油、糖等加工而成的表面粘有较大砂糖颗粒的一种长条形饼干，口感松软。因表面粘有砂糖，像牛舌表面，所以也叫"牛舌馃子" [ȵiou²⁴ʂɤ²⁴kuo²¹tsʅ⁰]。

塞克儿 [sai²⁴kʰɤr⁰]

由俄罗斯传入的一种面包，橄榄形，中间有一条竖向的裂纹。以面粉、酒花、食盐为原材料，用硬杂木烘烤，外皮脆，里面松软，有独特的麦香。

4-26◆道外

4-29◆南岗

4-27◆道外

油茶面儿 [iou²⁴tʂʰa²⁴mier⁵³]

用面粉加糖、花生仁、芝麻、青红丝等炒制而成的一种食品，食用时用开水冲泡，味道香甜。

4-25◆道外

大饼干 [ta⁵³piŋ²¹kan⁴⁴]

用面、油、糖等加工而成的一种大块的长方形传统饼干，略硬，是过去最普通、最常见的饼干。

炉馃 [lu²⁴kuo²¹³]

用面、油、糖、芝麻等加工而成的一种小块的长方形传统点心，口感酥脆香甜。

大列巴 [ta⁵³lie²¹pa⁰]

由俄罗斯传入的一种大面包，圆形，重约2.5千克，直径30厘米、厚15厘米左右。外皮硬、富有韧性，里面松软，保鲜时间长。制作过程经过3次发酵，加啤酒花，用椴木、柞木等硬杂木烘烤，有面香、酒香、盐香、果木香、乳酸香。"列巴"为俄语词хлеб的音译。

4-24◆道外

4-28◆南岗

哈尔滨

肆·饮食

125

4-32 ◆道里

4-33 ◆道里

大饼子 [ta⁵³piŋ²¹tsʅ⁰]

也叫"锅出溜"[kuo⁴⁴tʂʰu⁴⁴liou⁰]，用玉米面做的一种粗粮食品，是20世纪70年代前农村的主食之一。把玉米面加水和好，自然发酵后加碱。大锅里加水烧热，取一块发好的玉米面，团成椭圆形或圆形，贴在烧热的锅壁上，贴满一圈，盖锅烧火，熟了以后用铲子抢下来，贴锅的一面形成一层焦脆的"嘎渣儿"[ka²⁴tʂar⁰] 食物的硬皮，另一面颜色金黄，口感松软。

窝窝头儿 [uo⁴⁴uo⁰tʰour²⁴]

用玉米面或黄米面制作的一种粗粮食品，略呈圆锥形，底上有孔，空心。

4-34 ◆道里

4-36 ◆道里

菜团子 [tsʰai⁵³tʰuan²⁴tsʅ⁰]

用玉米面做皮，里面包菜馅的一种粗粮食品。据老哈尔滨人讲，过去肉和蔬菜缺乏的年代，菜团子里的馅主要是老菜帮儿或酸菜剁碎拌少量猪油做成的。现在生活好了，老哈尔滨人却很怀念当年的菜团子，夜市上卖的菜团子很受欢迎。

苞米花儿 [pau⁴⁴mi²¹xuar⁴⁴]

也叫"哑巴豆儿"[ia²¹pa⁰tour⁵³]，用玉米炒制的一种零食。把玉米粒和沙子一起放锅里炒，炒熟后把沙子筛出去，把"苞米花儿"放在阴冷处冻上，温度越低冻的"苞米花儿"越酥脆。以前农村冬季一天两顿饭，两顿饭间隔主要用"苞米花儿"充饥。

4-31◆道里

大馃子 [ta⁵³kuo²¹tsɿ⁰]

油条,一种长条形油炸面食。面粉中按比例加入矾、碱、盐、苏打和好,醒一段时间,切成长条下锅油炸。炸好的油条颜色金黄,外面酥脆,里面松软。

粉条儿 [fən²¹tʰiaur²⁴]

用土豆淀粉制成的细条状食品,可以用它搭配很多菜一起炖,是家庭常备食材。制作粉条的过程叫"漏粉"[lou⁵³fən²¹³],制作粉条的作坊叫粉坊,现在这种小作坊已经找不到了,但"粉坊"用作地名很常见。

4-35◆永胜

4-40◆道里

豆腐脑儿 [tou⁵³fu⁰naur²¹³]

黄豆制作的食品。豆浆用卤水点完后，就变成"豆腐脑儿"。用淀粉、黄花菜、木耳等调好汁，吃的时候把汁浇在"豆腐脑儿"上，再加葱花、香菜末、虾皮、辣椒油等调味。

4-39◆道里

大豆腐 [ta⁵³tou⁵³fu⁰]

黄豆制作的食品。黄豆泡软，磨成豆浆，过滤除去豆渣，然后把豆浆煮开，凉凉以后点卤水，点出豆腐脑后，装在木框里压，把水压出去，就做成一板大豆腐了，然后切成整齐的方块。"大豆腐"白白嫩嫩，是很受欢迎的家常菜。

4-37◆道里

4-41 ◆道里

浆子 [tɕiaŋ⁴⁴tsʅ⁰]

豆浆，用黄豆磨制而成的饮品。

4-42 ◆道里

酒糖 [tɕiou²¹tʰaŋ²⁴]

外层是巧克力硬壳，里面注入白酒的一种糖果。咬开外壳，白酒流入嘴里，巧克力的味道与酒香融为一体，满口醇香。"酒糖"是由欧洲传入哈尔滨的，"秋林酒糖"[tɕʰiou⁴⁴lin²⁴tɕiou²¹tʰaŋ²⁴]是哈尔滨极具特色的糖果。

干豆腐 [kan⁴⁴tou⁵³fu⁰]

黄豆制作的食品。做法与"大豆腐"（见图 4-37）基本相同，不同的是要把水压干，豆腐压得几乎像纸一样薄，压得越薄说明手艺越好。"干豆腐"卷大葱是东北特色吃法，"尖椒干豆腐"[tɕian⁴⁴tɕiau⁴⁴kan⁴⁴tou⁵³fu⁰]也是一道常见的家常菜。

4-38 ◆道里

4-46◆道里

4-45◆道里

格瓦斯 [kɤ²⁴ua²¹sʅ⁴⁴]

  由俄罗斯传入的一种饮料，用面包干发酵酿制而成，"格瓦斯"颜色接近啤酒，甜酸适度，深受哈尔滨人喜爱。"格瓦斯"是俄语词квас的音译。

色酒 [ʂai²¹tɕiou²¹³]

  用葡萄等酿造的果酒。相比于白酒，它是带颜色的，所以叫"色酒"。

马迭尔冰棍儿 [ma²¹ti⁵³ɚ²¹piŋ⁴⁴kuər⁵³]

  马迭尔冷饮厅的代表性冷食。1906年法籍犹太人开斯普在哈尔滨开办了马迭尔冷饮厅，是哈尔滨首家西式冷饮厅，并一直延续至今。这里诞生了哈尔滨的第一桶冰糕。"马迭尔冰棍儿"甜而不腻，冰中带香，深受人们欢迎，无论冬夏，在中央大街上都能看见人们排着长队买"马迭尔冰棍儿"。

白酒 [pai²⁴tɕiou²¹³]

也叫"烧酒"[ʂau⁴⁴tɕiou²¹³]，用高粱、玉米等经发酵、蒸馏等工艺制成的酒。过去把烧制白酒的小作坊称为"烧锅"[ʂau⁴⁴kuo⁰]，在农村很常见，现在这种小作坊很少了，"烧锅"作为地名还很常见。

4-43 ◆道里

啤酒 [pʰi²⁴tɕiou²¹³]

用麦芽、啤酒花等酿制的酒。哈尔滨啤酒是中国最早的啤酒品牌，始创于1900年，传承至今。2002年8月8日，哈尔滨举办哈尔滨首届国际啤酒节，2005年开始，改为中国·哈尔滨国际啤酒节。

4-44 ◆道里

糖葫芦 [tʰaŋ²⁴xu²⁴lou⁰]

用山楂等蘸糖制作的一种食品，把山楂等水果穿成串，蘸上融化的糖，叫"蘸糖葫芦"[tʂan⁵³tʰaŋ²⁴xu²⁴lou⁰]。以前做糖葫芦的水果主要是山楂，现在除了山楂外，还可用草莓、葡萄、黑枣等，看起来更加诱人。过去卖糖葫芦的小贩把鲜艳的糖葫芦插在草靶上，用自行车推着，走街串巷吆喝。

4-47 ◆道里

4-49◆临江

烟 [ian⁴⁴]

烟丝。过去农村自家种烟,烟长大后把叶子割下来,上架晾干,捆成把儿保存。抽的时候搓碎,有人用烟袋抽,有人用长条纸把搓碎的烟叶子卷起来抽。

烟叶子 [ian⁴⁴ie⁵³tsʅ⁰]

烟草的叶子。将晾好的"烟叶子"捆成把儿保存。

4-50◆临江

三 菜肴

4-51 ◆道里

小鸡儿炖蘑菇 [ɕiau²¹tɕiər⁴⁴tuən⁵³mɤ²⁴ku⁰]

把鸡肉和蘑菇放在一起炖成的菜,既是家常传统菜,也是春节必备菜品,鸡最好是散养的公鸡,蘑菇最好是野生榛蘑。

4-52 ◆道里

酸菜炖粉条儿 [suan⁴⁴tsʰai⁵³tuən⁵³fən²¹tʰiaur²⁴]

也叫"渍菜粉儿"[tɕi⁵³tsʰai⁵³fər²¹],把酸菜和粉条放在一起炖成的菜,里面一般放少量五花肉。它是冬天餐桌上一道常见的家常菜,也是身在外地的东北人最思念的家乡味道。

猪肉炖粉条儿 [tʂu⁴⁴ʐou⁵³tuən⁵³fən²¹tʰiaur²⁴]

把猪肉和粉条放在一起炖成的菜，肉用五花肉，先炒至金黄色，再加水与粉条一起炖，是东北炖菜的代表。

4-53◆道里

大丰收 [ta⁵³fəŋ⁴⁴ʂou⁴⁴]

把排骨、豆角、玉米、"倭瓜" [uo⁴⁴kua⁰] 南瓜、土豆等放在一起炖成的菜，有肉有菜，营养美味，很受欢迎。

4-54◆道里

茄酱 [tɕʰie²⁴tɕiaŋ⁵³]

把茄子和土豆放在一起炖成的菜，炖熟后把茄子和土豆捣碎，是夏天最常吃的一道家常菜。

4-55◆道里

炖鱼 [tuən⁵³y²⁴]

　　鱼处理干净后,放锅里略煎一下,放入葱、姜、蒜等去腥,加酱油、酱等调味品,加水炖熟,味道鲜咸嫩香。哈尔滨位于松花江沿岸,松花江里有种类丰富的淡水鱼,所以鱼是这里餐桌上常见的美味,也是过年必备的菜肴。

4-56◆道里

鸡蛋酱 [tɕi⁴⁴tan⁵³tɕiaŋ⁵³]

　　酱炒蛋,是一道特色家常菜,锅里放油烧热,鸡蛋打散倒入热锅内煎成块,然后放入酱翻炒即可。可单独作为一道菜,也可配"蘸酱菜"(见图 4-58)一起食用。

4-57◆道里

蘸酱菜 [tsan⁵³tɕiaŋ⁵³tsʰai⁵³]

　　蘸酱生食的菜,小白菜、小葱、小萝卜菜、香菜、"臭菜"[tʂʰou⁵³tsʰai⁵³]芝麻菜、生菜,以及苣荬菜、"苣荬蒜"[tɕʰy²¹mə⁰suan⁵³]野蒜、"婆婆丁"[pʰɤ²⁴pʰɤ²⁴tiŋ⁴⁴]蒲公英等野菜,都可蘸酱生食。

4-58◆道里

饭包 [fan⁵³pau⁴⁴]

把米饭、酱和各种"蘸酱菜"（见图4-58）拌在一起，用白菜叶子裹成包。现在有些小摊贩也卖"饭包"，一般用土豆泥拌饭，然后用生菜叶子包上，味道比自家包的要逊色得多。

4-59◆道里

坛儿肉 [tʰɤr²⁴ʐou⁵³]

用坛子焖制的肉菜。两厘米见方的五花肉，用冰糖等炒成金色，加酱油等调料，然后放入坛中小火焖至软烂。特点是颜色红亮，肥而不腻，肉烂汤浓。

4-60◆道外

素卜汤 [su⁴⁴pɤ⁰tʰaŋ⁴⁴]

"素卜"是俄语词 суп 的音译，是由俄罗斯传入哈尔滨的一道菜。俄罗斯本土的正宗做法要用"红菜头"[xuŋ²⁴tsʰai⁵³tʰou²⁴]藜科甜菜属的一种植物，是欧美各国的主要蔬菜之一，所以也叫"红菜汤"[xuŋ²⁴tsʰai⁵³tʰaŋ⁴⁴]。当地家常做法主要用牛肉或牛肉汤、"大头菜"[ta⁵³tʰou²⁴tsʰai⁵³]结球甘蓝、西红柿、胡萝卜、土豆、圆葱等慢火煮制。

4-62◆道里

扒肉 [pʰa²¹ʐou⁵³]

长条带皮五花肉，抹上蜂蜜、老抽，放油锅里炸，炸至上色后加水，再加葱、姜、花椒、大料等调料，煮至半熟后用慢火煨五六个小时。特点是肥而不腻，软烂醇香，入口即化。

4-64◆道外

砂锅儿 [ʂa⁴⁴kuor⁴⁴]

用砂锅煮制的菜。砂锅里煮汤，汤一般是老汤，煮沸后放入菜，吱吱响着端上桌。常见的"砂锅儿"有酸菜羊肉锅儿，酸菜拆骨肉锅儿，狮子头锅儿等，喝汤吃菜，配油饼，美味实惠。

4-63◆道外

锅包肉 [kuo⁴⁴pau⁴⁴ʐou⁵³]

用猪里脊肉加淀粉油炸后加酸甜汁烹制而成的一道菜。把里脊肉切成3毫米厚的大片，用湿土豆淀粉抓匀并裹住肉片，油炸两遍后捞出，葱、姜、胡萝卜丝下锅翻炒，加入糖、白醋、酱油调成的酸甜汁，再把炸好的肉加入锅里迅速翻炒挂汁，出锅加几片香菜点缀。这道菜颜色金黄，外焦里嫩，酸甜可口，是一道中西合璧的菜品，由哈尔滨的百年老字号餐饮老厨家，在焦炒肉片的基础上，配合俄罗斯人喜食酸甜的饮食习惯改制而成。

4-61◆道外

烩酸菜 [xuei⁵³suan⁴⁴tsʰai⁵³]

　　杀猪的时候把酸菜放在烀肉的锅里，与肉一起煮。

4-66◆道外

冻子 [tuŋ⁵³tsʅ⁰]

　　用猪皮做的冻儿。把猪皮上的毛刮干净，切碎，放在锅里熬，熬到汤黏稠，盛在盆里凉凉，凝固成冻儿。肉皮沉淀在底层，称为"浑冻儿"[xuən²⁴tũr⁵³]，汤汁凝在上层，称为"清冻儿"[tɕʰiŋ⁴⁴tũr⁵³]，"浑冻儿"劲道可口，"清冻儿"晶莹剔透。

4-68◆道里

烀肉 [xu⁴⁴ʐou⁵³]

　　大块煮熟的肉。把大块猪肉或整个肘子等放入锅中，加清水，放少量葱花、大料等调料。烀熟后切片或手撕，蘸蒜泥食用。

4-69◆道里

血肠儿 [ɕie²¹tʂʰãr²⁴]

　　猪血灌的肠。杀猪的时候，把猪血装在盆子里，放上盐、葱花、花椒等作料，把猪肠洗干净，再把加好调料的猪血灌进肠里，两头用细线扎紧，放在锅里煮熟，切片蘸蒜泥食用。

4-67◆道外

杀猪菜 [ʂa⁴⁴tʂu⁴⁴tsʰai⁵³]

　　杀猪的时候，把切好的酸菜、猪血、猪肝、猪肠等连同猪肉一起煮，猪肉煮熟后捞出，锅里剩下的菜就是杀猪菜。因为过去杀猪都要请亲戚朋友吃肉，所以杀猪当天烀很多肉，里面放酸菜可以解腻，肉汤又可以使酸菜味道更加鲜美。杀猪菜里的血、肝、肠等也格外好吃。杀猪当天吃不完的杀猪菜装在大盆子里放到寒冷的地方保存，加热后再吃味道更加醇厚。

4-65◆道外

4-73◆永胜

干豆角丝儿 [kan⁴⁴tou⁵³tɕiau²¹sər⁴⁴]

晾干的豆角丝。把豆角切丝，晾干，吃的时候泡软，炒肉丝或粉条等。

萝卜干儿 [luo²⁴pu⁰kɐr⁴⁴]

晾干的萝卜片。萝卜切片，穿成串挂在阴凉处晾干，吃的时候用水煮软，蘸酱吃。

4-74◆永胜

酸菜 [suan⁴⁴tsʰai⁵³]

用大白菜发酵腌制的菜。把大白菜外层老帮儿去掉，放在开水里烫一下，然后摆放在大缸里，摆一层白菜撒一层盐，一层一层装满为止，装得越紧越好。然后加满水，上面压上石头，放在阴凉处发酵，一个多月时间就可以腌好。腌好的酸菜颜色略黄，晶莹剔透，是最重要的越冬菜，一般人家都要腌两三百斤白菜。

4-75◆道里

4-70◆道里

油吱啦 [iou²⁴tʂʅ⁴⁴la⁰]

　　肥肉和各种脂肪炼出猪油后剩下的肉渣，又香又脆且不油腻，非常好吃。农村过年杀猪的时候，一项重要的事情是㸆油，下一年食用的油都是杀猪时㸆的，有时好几年才杀一次猪，㸆一回油也可能吃很长时间。㸆油剩下的"油吱啦"拌上一点盐就是一道菜，也可以用来做饺子馅等。

干白菜 [kan⁴⁴pai²⁴tsʰai⁵³]

　　晾干的白菜。秋天把还没长大的小棵白菜编成辫子状或用线穿起来，挂在阴凉处晾干，吃的时候先用水泡，然后用水煮至软烂，蘸酱吃。

茄干儿 [tɕʰie²⁴kɚ⁴⁴]

　　晾干的茄子。把茄子蒸熟，撕成两半，用线穿成串挂在阴凉处晾干，吃的时候泡软，和土豆一起炖。

4-71◆永胜　　　　　　　　　　4-72◆永胜

4-78◆道里

4-77◆道里

蒜茄子 [suan⁵³tɕʰie²⁴tsʅ⁰]

用大蒜、茄子等腌制的咸菜。把茄子蒸熟，划破，大蒜捣碎，包在茄子里，放坛子里加盐腌咸。

碎咸菜 [suei⁵³ɕian²⁴tsʰai⁰]

也叫"花咸菜"[xua⁴⁴ɕian²⁴tsʰai⁰]，把白菜、葱、香菜、胡萝卜等切碎了用盐腌制而成的一种"小咸菜"。

红肠儿 [xuŋ²⁴tʂʰãr²⁴]

原名"里道斯灌肠儿"[li²¹tau⁵³sʅ⁴⁴kuan⁵³tʂʰãr²⁴]，用瘦肉等灌制的香肠。把瘦肉用蒜、味精、盐等腌制，然后加入淀粉，拌好后灌进肠衣中，煮熟，挂阴凉处晾干。哈尔滨的"红肠儿"为枣红色，有蒜味和熏烤味。

4-80◆道里

咸菜疙瘩 [ɕian²⁴tsʰai⁰ka⁴⁴ta⁰]

用芥菜疙瘩、萝卜等腌的咸菜。把芥菜疙瘩等洗干净，放在缸里，放盐，加水，然后放阴凉处，一两个月后就腌好了。哈尔滨冬季漫长，以前冬季又缺乏蔬菜，腌咸菜是储存蔬菜的重要方法，每到秋天人们都要大量腌制咸菜。这里把用芥菜疙瘩、萝卜腌制的咸菜统称为"大咸菜"[ta⁵³ɕian²⁴tsʰai⁰]，把用其他蔬菜腌制的咸菜统称为"小咸菜"[ɕiau²¹ɕian²⁴tsʰai⁰]，白菜、葱、辣椒、胡萝卜、芹菜等，都可以用来腌"小咸菜"。

4-76◆道里

酱块子 [tɕiaŋ⁵³kʰuai⁵³tsʅ⁰]

做酱时用豆面做成的块状物。哈尔滨地区家庭自制的酱基本有两类，一类叫"盘酱"[pʰan²⁴tɕian⁵³]，一类叫"大酱"[ta⁵³tɕian⁵³]，两类酱制作过程中都有做"酱块子"这道工序。做"盘酱"的方法是先把黄豆炒熟，打成豆面，把豆面加盐水和好，用模具做成块，就是"酱块子"，模具有不同形状，"酱块子"形状也不同。把"酱块子"置于通风处发酵，大约三个月，再把"酱块子"打成面，加盐水下缸再发酵，月余可食。图4-79是做"盘酱"的"酱块子"。做"大酱"是把黄豆煮熟，捣碎后攒成团，也叫"酱块子"，"酱块子"发酵后用刀砍成小块，加盐水下缸再发酵，十天左右可食。做"酱块子"的时间一般在腊月初八左右，第二年三月初八左右下缸。

4-79◆道里

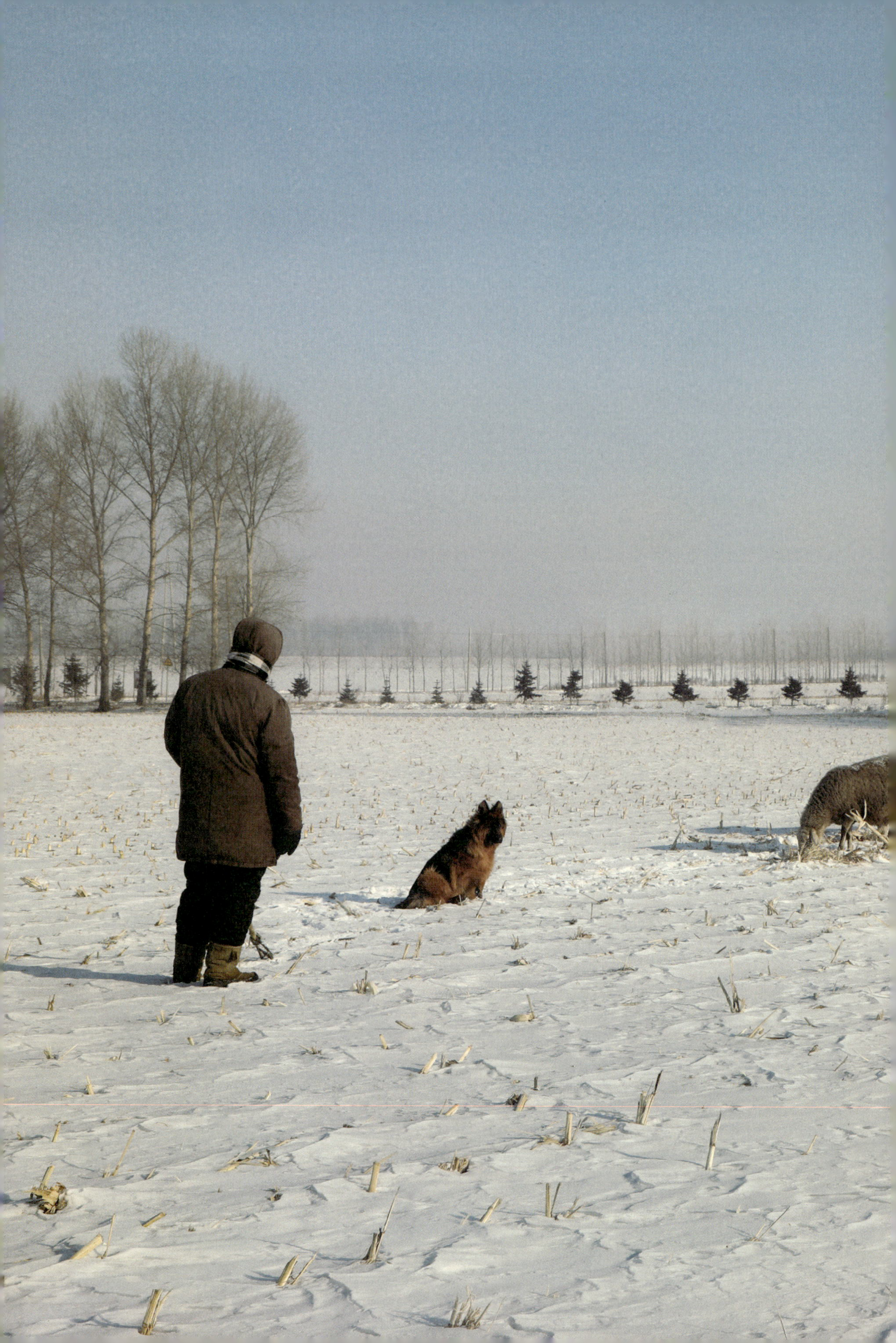

伍·农工百艺

清代，由于清政府实行封禁政策，哈尔滨地区人口稀少，只有一些从事渔猎耕种的村落。19世纪60年代以后，清政府逐步解除封禁，关内移民迁入哈尔滨，在1898年修筑中东铁路以前，哈尔滨是个有近百个村屯和数万居民的城镇型聚落，已出现以农产品加工为主的手工业，形成了以田家"烧锅"[ʂau⁴⁴kuo⁰]酿酒的作坊为中心的手工作坊类集镇。中东铁路建成后，外国侨民和资本随之大量涌入，哈尔滨迅速发展为国际贸易城市，同时，山东、河北等省闯关东的移民也大量涌入，民族资本看到了商机，纷纷来到这里开店办厂，在傅家甸一带陆续开办商店洋行，工厂作坊等，民族工商业在傅家甸一带迅速发展起来。新中国成立后至20世纪80年代末，哈尔滨发展成以工业为主体的城市。目前，哈尔滨各行各业都在稳步发展。

哈尔滨地处松花江流域，地形以平原为主，也有部分山地。这里有肥沃的黑土地，适合种植多种农作物，如玉米、高粱、小麦、谷子、水稻、大豆等粮食作物，甜菜、白菜、萝卜、茄子、豆角等蔬菜。目前种植的粮食作物主要有玉米、水稻、大豆等。

过去的农民,春季耕种,夏季锄草施肥,秋季收割庄稼,冬季积肥,四季辛勤劳作。随着农业技术水平和机械化程度的不断提高,耕作方式已经大大简化,春种秋收基本实现了机械化,只有一些不方便使用机械的山地还保留一些传统的耕作方式。

20世纪70年代的时候,农村还有很多小作坊,比如"米碾儿"[mi²¹ȵier²¹³](见图1-71)、"烧锅"、粉坊、油坊、"铁匠炉"[tʰie²¹tɕiaŋ⁰lu²⁴]制造和修理铁器的小作坊、"成衣铺"[tʂʰən²⁴i⁴⁴pʰu⁵³]制衣店,等等,现在这些小作坊消失殆尽,即使偶有存留,使用的工具和制作方式也现代化了,传统工艺基本消失。

以前不论城市农村,都有一些沿街叫卖的小贩,比如收废品的、收鸡蛋的、卖冰棍的、卖麻花的、卖糖葫芦的、卖豆腐的,等等。他们多数赶着驴车或推着自行车,一边走一边吆喝。现在很少见了。

一 农事

5-1 ◆ 一面坡

山地 [ʂan⁴⁴ti⁵³]

  山上的农田。主要分布在长白山张广才岭一带，一般是一小块一小块零散分布，数量不多。这些山地由于地势不平，很难使用机械耕作，有的地方连牛马等畜力都无法使用，完全靠人力耕作。

5-2 ◆一面坡

坡地 [pʰɤ⁴⁴ti⁵³]

山坡上的农田，零散分布在山区，数量不多。

水田 [ʂuei²¹tʰian²⁴]

种水稻的农田。松花江沿岸有大面积的水田种植水稻。东北大米是国内最好吃的大米之一，其中比较著名的是哈尔滨的五常大米。

5-3 ◆五常

平地 [pʰiŋ²⁴ti⁵³]

平坦的土地。哈尔滨位于松嫩大平原上，到处是一眼望不到边的黑土地，这里是我国重要的粮食产区。大平原上有水田也有旱田，水田一般位于离江河较近、地势较低洼的地方，旱田位于离江河较远、地势略高的地方。

5-4◆阿城

5-5 ◆呼兰

园子 [yan²⁴tsʅ⁰]

　　院子里的一小块田地，用来种"小秧棵"[ɕiau²¹iaŋ⁴⁴kə⁰]蔬菜瓜果的统称。过去没有化肥，都上农家肥，有了化肥以后，大地用化肥，但自家的小园子不用化肥，所以小园儿菜成了绿色蔬菜的代名词。

上山 [ʂaŋ⁵³ʂan⁴⁴]

　　也叫"下地"[ɕia⁵³ti⁵³]，到田里干活。哈尔滨一代把田野叫"山上"[ʂan⁴⁴ʂaŋ⁰]，不论是平地还是山地，到田野干活都叫"上山"。

5-7 ◆一面坡

扣地 [kʰou⁵³ti⁵³]

用犁把上一年的旧垄破开，清除土壤里的植物根系，把土翻松，并打出新垄，以备春种。"扣地"是春耕的第一步，代表新一轮耕种的开始。以前"扣地"用牛或马拉犁，人扶犁，现在基本实现了机械化。

马拉犁 [ma²¹la⁴⁴li²⁴]

以马为畜力拉犁。包产到户以后，农村畜力以牛为主，马越来越少，以马做畜力很少见了。

5-8 ◆阿城

5-9 ◆一面坡

翻地 [fan⁵³ti⁵³]

人工刨地，把上一年庄稼的根刨掉，并深挖松土，使土壤松软，以利于耕种。

息稻秧儿 [ɕi⁵³tau⁵³iãr⁴⁴]

培育稻苗。现在育苗已经半机械化，把土、肥料和种子装在软塑托盘里，用机器一层一层均匀铺平，放在大棚里，浇水，等待种子发芽，长出稻苗。稻苗长出来以后，栽到水田里。

5-12 ◆拉林

木头磙子 [mu⁵³tʰou⁰kuən²¹tsɿ⁰]

耕种时轧地的工具。种子播种到田里以后,要用磙子轧一遍,可以把略大的土块压碎,使土地更平整,有利于保持土壤水分。轧地用的磙子是木制的,重量较轻,避免把土壤轧得过硬而不利于秧苗破土。

5-11 ◆巴彦

耙地 [pa⁵³ti⁵³]

把水田的土块打碎并拖平。现在水田"耙地"基本上使用机器。

5-16 ◆一面坡

苞米铺子 [pau⁴⁴mi²¹pʰu⁴⁴tsʅ⁰]

几十棵玉米堆一个小堆，叫"苞米铺子"。堆好之后，把玉米从秆上掰下来。

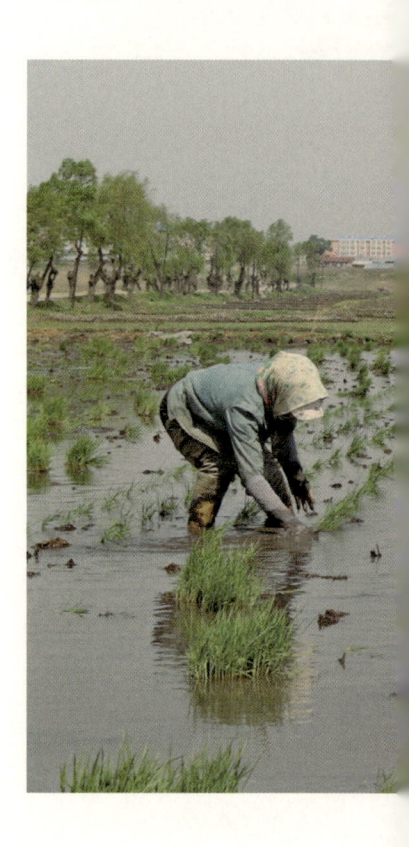

粪堆 [fən⁵³tuei⁴⁴]

粪肥累积成的堆。在化肥推广以前，种田使用农家肥，也就是人畜的粪便。冬天农闲时，人们开始堆粪堆，把捡拾的人畜粪便、牲畜圈里的粪肥加上碎柴草等放在一起堆成一个大堆，为了使粪肥的效果更好，还要"发粪堆"[fa⁴⁴fən⁵³tuei⁴⁴]点燃粪堆里的碎柴草给粪堆加热，使粪肥发酵。

5-14 ◆永胜

5-13 ◆拉林

插秧 [tʂʰa²¹iaŋ⁴⁴]

把育好的稻秧插到田里。以前是人工插秧，现在人工插秧已经不多了，仅限于面积较小的地块，面积大的稻田都用机器插秧。

上粪 [ʂaŋ⁵³fən⁵³]

把粪肥上到田里。春天的时候，把堆积了一冬天的"粪堆"（见图 5-14）刨碎，用车拉到田里，一堆一堆均匀堆好，然后在"扣地"（见图 5-7）前把这些小堆的粪肥均匀扬开，"扣地"时粪肥就埋在地底下，与土壤融为一体。

5-15 ◆永胜

5-17 ◆太平

苞米趟子 [pau⁴⁴mi²¹tʰaŋ⁵³tsʅ⁰]

"苞米铺子"（见图 5-16）整齐摆放成一行，叫"苞米趟子"。

割苞米 [ka⁴⁴pau⁴⁴mi²¹³]

收割玉米。"割苞米"是秋收一项重要的农活，当地的旱田以种玉米为主，玉米种植面积很大。过去收割玉米靠人力，现在多数实现了机械化。

5-20 ◆一面坡

5-19 ◆拉林

稻个子 [tau⁵³kɤ⁵³tsʅ⁰]

割下来的稻子捆成的捆。"稻个子"要立着戳成小堆摆放，稻穗朝上，利于通风和晾晒。

捆稻子 [kʰuən²¹tau⁵³tsʅ⁰]

把割倒的稻子捆成捆。

5-18 ◆拉林

5-21 ◆一面坡

掰苞米 [pai⁴⁴pau⁴⁴mi²¹³]

把玉米从秆上掰下来，有先把玉米掰下来再割秆的，也有把秆割倒后再掰玉米的。

砍白菜 [kʰan²¹pai²⁴tsʰai⁵³]

秋天把白菜从田里砍下来。大白菜既能作为新鲜蔬菜储存起来，也能用来腌制酸菜，小棵的还能晒成干菜，是秋冬及春季东北农村的主要蔬菜。

5-22 ◆太平

5-25 ◆阿城（关山月摄）

扬场 [iaŋ²⁴tʂʰaŋ²⁴]

把打下来的谷物、豆类等用机器、木锨等扬起，借风力吹走壳和尘土，分离出干净的籽粒。

簸 [pɤ²¹³]

把粮食等放在簸箕里上下颠动，扬去糠秕等杂物。

筛 [ʂai⁴⁴]

把粮食等放在筛子里来回摇动，使细碎的漏下去，粗的留在上头。

5-23 ◆永胜

5-24 ◆永胜

哈尔滨　伍·农工百艺

5-27◆拉林

稻草垛 [tau⁵³tsʰau²¹tuo⁵³]

　　脱完粒的稻草堆成的垛。稻草是水田种植区的主要燃料。

苞米秸子垛 [pau⁴⁴mi²¹kai⁴⁴tsɿ⁰tuo⁵³]

　　玉米秸秆堆成的垛。过去，玉米秸秆是农村最主要的燃料，每年收完玉米，都把玉米秸秆垛成大垛，作为第二年的柴来烧。现在不少农家使用燃气，烧玉米秸秆的越来越少了。

5-26◆永胜

二 农具

5-29 ◆临江

小巴锄儿 [ɕiau²¹pa⁴⁴tʂʰur²⁴]

小锄头，用来给间隙较小的农作物除草。以前农村有些孩子很小的时候就跟父母下地干活，拿不动大锄头，就用"小巴锄儿"。

锄头 [tʂʰu²⁴tʰou⁰]

除草和松土用的农具。小苗长出来之后，用它锄掉苗间杂草，同时也给庄稼松土，这项农活叫"铲地"[tʂʰan²¹ti⁵³]。铲完地以后有一段短暂的休息时间，叫"挂锄"[kua⁵³tʂʰu²⁴]。

5-28 ◆一面坡

哈尔滨 伍·农工百艺

5-33 ◆ 永胜

扁担 [pian²¹tan⁰]

挑东西的工具，用木头或竹子做成，两头拴钩用来挂桶或筐等。

刨镐 [pʰau²⁴kau²¹³]

刨地工具，由铁镐头和木柄构成，主要用来刨除植物的根、松土、刨坑等。

5-30 ◆ 一面坡

刨茬锹 [pʰau²⁴tʂa⁵³ɕian⁴⁴]

用来刨"茬子"[tʂa⁵³tsʅ⁰]玉米、高粱等农作物割完后留下的根或土坑的工具，把短柄的铁锹垂直绑在一根长杆上做成。

5-32◆永胜

镐 [kau²¹³]

用来劈或刨较硬东西的工具，由镐头和木柄构成，镐头用铸铁打造，两端带尖儿。主要用来劈木头、刨冰、刨冰冻的土地和粪堆等。

5-31◆永胜

5-35 ◆永胜

5-36 ◆永胜

笸箩 [pʰɤ²¹luo⁰]

用竹片或藤条等编的没有梁的器具，用来装粮食或晾晒粮食等。

土篮子 [tʰu²¹lan²⁴tsŋ⁰]

较大的筐，用树条编成，带梁，可以挑土或粪肥，也可以装粮食。

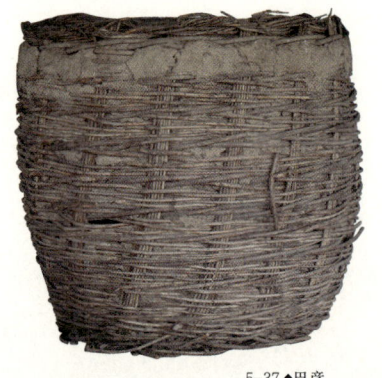

5-37 ◆巴彦

5-34 ◆道里

囤子 [tuən⁵³tsŋ⁰]

用树条编的装粮食的器具，树条间的缝隙用泥抹上。图5-37的"囤子"由于时间太久，抹上的泥多已脱落，只有沿口部位还残留一些。

簸箕 [pɤ⁵³tɕi⁰]

用竹片或藤条编的三面有沿一面敞口的器具，用来把粮食中的杂质簸出去。

苪子 [ɕye²⁴tsʅ⁰]

5-38 ◆巴彦

用高粱篾子编成的狭长的粗席子，可以围起来囤粮食。"苪子"一般比较长，一层一层向高处围起，可以围成很高的粮食堆，囤积大量的粮食。用"苪子"囤粮既能充分利用空间，又便于通风，利于粮食保存。

车 [tʂʰɤ⁴⁴]

牲口拉的两轮载重工具，是以前农村必备的生产、生活用具。

5-42◆永胜

小推车儿 [ɕiau²¹tʰuei⁴⁴tʂʰɤr⁴⁴]

　　手推的一个轱辘的小车。

牛车 [ȵiou²⁴tʂʰɤ⁴⁴]

　　牛拉的车。广泛用于农业生产和日常生活。包产到户以后，几乎每个家庭都有，农用机动车普及以后数量逐渐减少。

5-41◆一面坡

5-40 ◆一面坡

马车 [ma²¹tʂʰɤ⁴⁴]

马拉的车。在机动车出现之前，马车是农村非常重要的生产、运输工具，既可载物，亦可载人。农忙时用于农业生产，农闲时也可用来"拉脚"[la⁴⁴tɕiau²¹³]用大车等载人或运货。机动车出现以后，马车越来越少。

鞭子 [pian⁴⁴tsʅ⁰]

赶车用具，鞭子杆是竹子制成的，鞭绳是皮制的，甩起来能发出清脆的响声。图5-43是赶马车的鞭子。

5-43 ◆道外

哈尔滨 伍·农工百艺

5-46◆道里

搂柴耙子 [lou⁴⁴tʂʰai²⁴pʰa²⁴tsɿ⁰]

　　用来搂柴草等的耙子，由一根木质长柄和若干铁质长齿构成，齿端有弯钩，可以搂起庄稼、落叶等。

5-47◆永胜

垛叉 [tuo⁵³tʂʰa⁴⁴]

　　垛柴草的工具，一端有一根木质长柄，另一端有两个铁质尖齿。

5-48◆巴彦

木杈儿 [mu⁵³tʂʰar⁴⁴]

　　挑麦秸等的木质农具，有一根长柄和两个弧形长齿。

镰刀 [lian²⁴tau⁴⁴]

收割庄稼、割草的工具，由刀片和木把构成，刀片薄而锋利。

5-45◆永胜

牛鞅子 [ȵiou²⁴iaŋ⁵³tsɿ⁰]

拉东西时架在牛脖子上的木质器具。

5-44◆巴彦

犁杖 [li²⁴tʂaŋ⁰]

翻土及松土、碎土的耕作机械。由铁质的犁铧，木质的犁辕、犁梢等构成。一般前面用畜力牵引，后面由人手扶着。

5-49◆巴彦

5-53◆巴彦

石头磙子 [ʂʅ²⁴tʰou⁰kuən²¹tsʅ⁰]

打场用具，中间是圆柱形石头，外围是由四根木头构成的架子。由牲畜或人拉着转动，碾轧谷物，给谷物脱粒。

罗逛子 [luo²⁴kuaŋ⁵³tsʅ⁰]

筛除杂质的工具，把罗置于两根光滑的木条上，木条两端固定在椭圆形木板上。筛东西时，在木条上来回推拉罗，使细的粉末漏下去粗的渣滓留在罗里。

5-55◆巴彦

5-52◆永胜

四齿挠子 [sɿ⁵³tʂʰɿ²¹nau²⁴tsɿ⁰]

　　刨地工具，有一根长柄和四个铁质尖齿，齿与柄垂直。

5-54◆永胜

筛子 [ʂai⁴⁴tsɿ⁰]

　　筛除杂质的工具，由帮和底两部分构成。帮由竹片围成，底用细铁丝织成网状，上面有小孔，筛东西时，细小的东西从小孔漏下去，粗大的东西留在筛子里。

5-51◆永胜

洋叉 [iaŋ²⁴tʂʰa⁴⁴]

　　剜地工具，有一根长柄和四个铁质尖齿，用来翻土或剜出地底下的东西。

5-50◆永胜

二齿子 [ɚ⁵³tʂʰɿ²¹tsɿ⁰]

　　和泥、刨土等的工具，有一根木质长柄和两个铁质尖齿。

哈尔滨　伍·农工百艺

5-57◆永胜

扬场锨 [iaŋ²⁴tʂʰaŋ²⁴ɕian⁴⁴]

扬场用具，用它把粮食等扬到空中，借助风力把其中的杂质吹走。一般用竹片和木杆做成。

扇车 [ʂan⁵³tʂʰɤ⁴⁴]

除去谷物中的糠秕杂物、精选作物籽粒的一种机械。由车架、外壳、风扇、曲柄、喂料斗、出风口、出粮口、调节门等构成。工作时将粮食放入上边的喂料斗，摇动手柄带动风扇产生风力，开启调节门，谷壳及杂物从出风口吹出，饱满的谷粒则从出粮口落下。

5-56◆巴彦

三 手 工 艺

5-61 ◆永胜

靠尺 [kʰau⁵³tʂʰʅ²¹³]

测墙体正斜的工具。一把铁质的直尺，下面有一个圆锥形的小窝，把尺靠在墙上，如果墙直，悬挂在尺上的铁锤就会落进小窝里。

5-59 ◆永胜

大铲 [ta⁵³tʂʰan²¹³]

用来盛取水泥和刮平水泥的工具。

5-58 ◆永胜

泥抹子 [ni²⁴mɤ²¹tsʅ⁰]

抹泥工具，能够盛取少量的泥，并把泥抹平。一般是铁质的，安有木质手柄。

线锤儿 [ɕian⁵³tʂʰuər²⁴]

用来测曲直的工具。一根线下面拴一个圆锥形铁锤，利用铁锤的重量把线拉直，以它为参照测量其他物体的曲直。

5-60 ◆永胜

哈尔滨 伍·农工百艺

5-63◆永胜

刨锛儿 [pʰau²⁴pər⁴⁴]

碎砖工具，在建筑活动中用它把砖敲断。

5-62◆永胜

灰桶 [xuei⁴⁴tʰuŋ²¹³]

装水泥的桶，水泥在哈尔滨方言里叫"洋灰"[iaŋ²⁴xuei⁴⁴]，所以装水泥的桶叫"灰桶"。

推砖车 [tʰuei⁴⁴tṣuan⁴⁴tṣʰɤ⁴⁴]

建筑工地上推砖的小车。

5-65◆永胜

5-66◆临江

砖坯子垛 [tʂuan⁴⁴pʰi⁴⁴tsʅ⁰tuo⁵³]

"砖坯子"[tʂuan⁴⁴pʰi⁴⁴tsʅ⁰]码成的垛。烧砖时，先用黄土制成"砖坯子"，晾干后码成垛遮盖好，以防雨水淋湿。

水泥车 [ʂuei²¹ni²⁴tʂʰɤ⁴⁴]

建筑工地上推水泥的小车。

5-64◆永胜

5-67 ◆临江

砖坯子 [tʂuan⁴⁴pʰi⁴⁴tsʅ⁰]

没有经过烧制的砖的毛坯。图5-67是晾干码入窑中待烧的"砖坯子"。

烧砖 [ʂau⁴⁴tʂuan⁴⁴]

把晾干的砖坯装进砖窑码好，点火后烧砖，烧好后降温"出窑"[tʂʰu⁴⁴iau²⁴]。图5-69是烧好的砖在降温。

5-69 ◆临江

5-68◆临江

加煤口儿 [tɕia⁴⁴mei²⁴kʰour²¹³]

添加燃料的口儿，砖窑旁边地面上开有多个"加煤口儿"，烧砖时同时往窑里填煤。

5-71◆永胜

墨斗儿 [mɤ⁵³tour²¹³]

木匠用来打直线的工具。里面装有用墨汁染黑的线，线的前端有一个钩，画线时挂在木头一端，然后把线拉出来，收紧，提起后放手，就能打出直线。

出窑 [tʂʰu⁴⁴iau²⁴]

烧好的砖搬出砖窑，码成砖垛。

5-70◆临江

5-76 ◆永胜

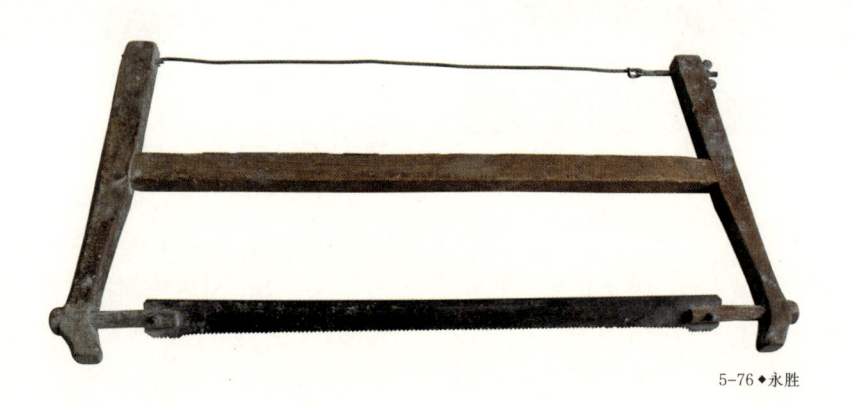

锯 [tɕy⁵³]

锯木头的工具，由带有锋利锯齿的铁锯条和木头梁构成。

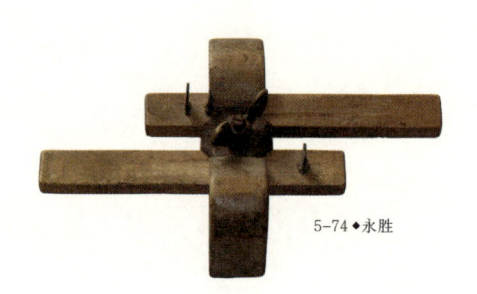

线勒子 [ɕian⁵³lei⁴⁴tsɿ⁰]

5-74 ◆永胜

木匠画线的工具，用铁钉或细金属棒和长条形木板做成。可同时画出两条或多条平行的直线。钉有铁钉的木板是活动的，可通过调节木板画出间距不同的直线。

5-72 ◆永胜　　　　　　　　　　　5-73 ◆永胜

刨子 [pau⁵³tsɿ⁰]

木匠用来刨平的工具。图 5-72 的刨子是用来推木板的，推的时候，木匠两手抓住两侧的"耳朵"。图 5-73 是用来刨平窗框等边边角角较窄部位的。

5-75 ◆永胜

拐尺 [kuai²⁴tʂʰʅ²¹³]

木匠用来求直角和校验是否垂直的工具，用木片或金属制成。

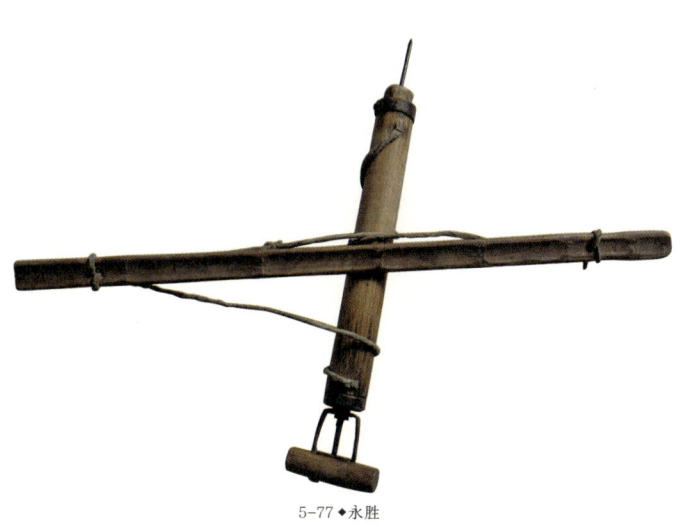

5-77 ◆永胜

拨拉钻儿 [pu⁴⁴la⁰tʂuɚr⁵³]

木匠钻孔的工具。由一段圆形木头、一块长条形竹板、长铁钉、皮绳构成。在圆形木头里安装一根尖利的长铁钉，用皮绳把长条形竹板和装有铁钉的木头连接在一起，拉动木板收紧或放松皮绳，铁钉头不停旋转就能钻出孔。

5-84◆巴彦

钢刀布 [kaŋ⁵³tau⁴⁴pu⁵³]

理发师傅用来磨"刮脸刀儿"（见图5-83）的布。

5-83◆巴彦

刮脸刀儿 [kua⁴⁴lian²¹taur⁴⁴]

理发师傅用的刮胡子的工具。

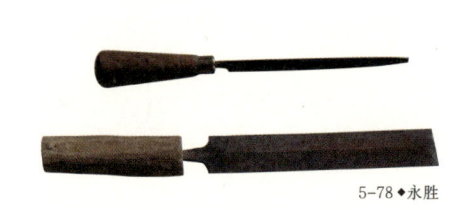

5-78◆永胜

锉 [tsʰuo⁵³]

打磨木料的工具，由金属锉刀和木柄构成，用它把木头表面打磨光滑。

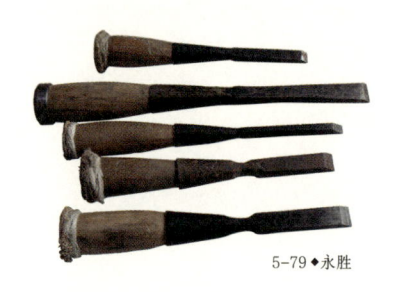

5-79◆永胜

凿子 [tsau²⁴tsʅ⁰]

木匠凿孔的工具。前端是金属的，有刃，后端是木头手柄，使用时用锤子击打手柄顶端，把刃打进木头，凿出需要的孔。

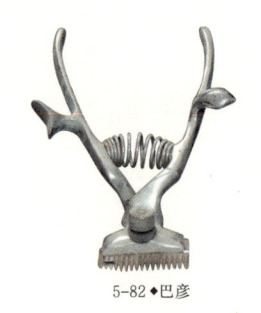

5-82◆巴彦

推子 [tʰuei⁴⁴tsʅ⁰]

理发工具，有上下重叠的两排带刃的齿，使用时上面的一排齿左右移动，把头发剪下来。图5-82是旧式手动推子，这种推子很少见了，现在基本被电推子取代。

5-80◆永胜

工具兜儿 [kuŋ⁴⁴tɕy⁵³tour⁴⁴]

　　木匠包小型工具的布兜。一块布分出两个区域，在其中一个区域内缝出多个格子，把不同工具插在不同的格子里，然后用另一部分包上卷起来。

5-81◆永胜

工具箱儿 [kuŋ⁴⁴tɕy⁵³ɕiãr⁴⁴]

　　木匠装工具的木头箱子。箱内有凿着大大小小的圆孔的木板，可以插各种型号的工具，剩余空间用来装"工具兜儿"（见图5-80）等。

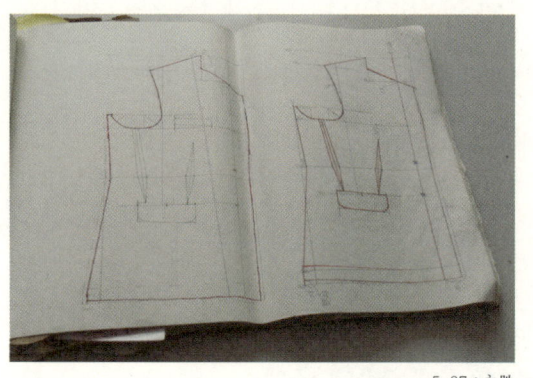

5-87 ◆永胜

衣服样子 [i⁴⁴fu⁰iaŋ⁵³tsʅ⁰]

裁剪衣服用的纸质图样。

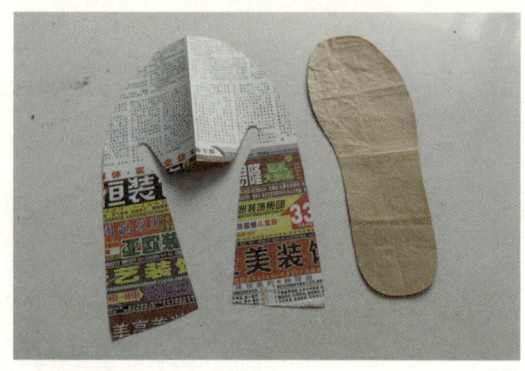

5-89 ◆永胜

鞋样子 [ɕie²⁴iaŋ⁵³tsʅ⁰]

裁剪鞋帮和鞋底用的纸质图样。

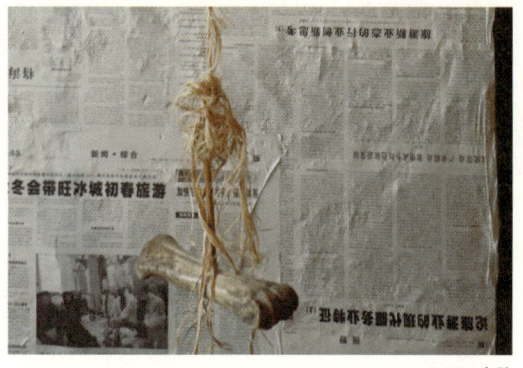

5-85 ◆永胜

拨拉锤子 [pɤ⁴⁴la⁰tʂʰuei²⁴tsʅ⁰]

打麻绳的简易工具。取一块动物的骨头，中间打孔，在孔上安一节带钩的竹子，把麻线挂在钩上，拨动骨头使其朝相同方向旋转，就打成了麻经儿，然后再由麻经儿合成绳子。

5-90 ◆永胜

锔缸 [tɕy⁴⁴kaŋ⁴⁴]

锢露匠用两脚铁钉把缸的裂痕修补上。

5-86◆永胜

纺车儿 [faŋ²¹tʂʰɤr⁴⁴]

纺麻的工具，由手柄、绳轮等构成。

锥子 [tʂuei⁴⁴tsɿ⁰]

绱鞋或纳鞋底的工具，由"锥把儿" [tʂuei⁴⁴par⁵³] 锥子柄和"大锥茬子" [ta⁵³tʂuei⁴⁴tʂʰa²⁴tsɿ⁰] 大针组成。

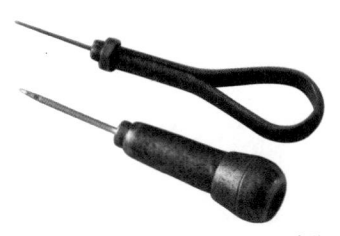

5-88◆永胜

5-92◆道里

磨石 [mɤ²⁴ʂʅ⁰]

磨刀石。

磨刀架子 [mɤ²⁴tau⁴⁴tɕia⁵³tsʅ⁰]

长凳形，腿儿一般是铁质的，用起来更稳固，面儿是木板，前头固定磨刀石，现在也有安装砂轮的，后面是磨刀人坐的位置。

5-93◆道里

倒糖人儿 [tau⁵³tʰaŋ²⁴zɚr²⁴]

糖画，用糖作画，做成的画可看可吃，亦糖亦画。糖画是一种传统的民间手工艺，流行于国内很多地域。糖画历史悠久，在汉语各地方言中有多种名称，如"倒糖饼儿""糖灯影儿"等。图5-94是哈尔滨道外老刘家的糖画。

5-94 ◆道外

磨刀 [mɤ²⁴tau⁴⁴]

用磨刀石等工具使刀变锋利。农村人一般都会磨刀，城里才有磨刀的师傅，走街串巷地吆喝"磨剪子来抢菜刀"[mɤ²⁴tɕian²¹tsʅ⁰lai⁴⁴tɕʰian²¹tsʰai²¹tau⁴⁴]。

5-91 ◆道里

5-95◆道里

嘣苞米花儿 [pəŋ⁴⁴pau⁴⁴mi²¹xuar⁴⁴]

　　一种制作爆米花的传统技艺。把玉米粒装进压力锅，盖严盖子，放在火炉上加热，师傅一手摇风箱一手转动压力锅，压力表的指针显示达到一定压力的时候，把锅从火炉上拿下来，锅口对准铁丝笼子，用脚踩稳压力锅，拿撬棍用力一撬锅口的盖子，大喊一声"响了"，"嘭"的一声，一团白烟腾起，白花花的"苞米花儿"迸进了笼子。

5-96◆道里

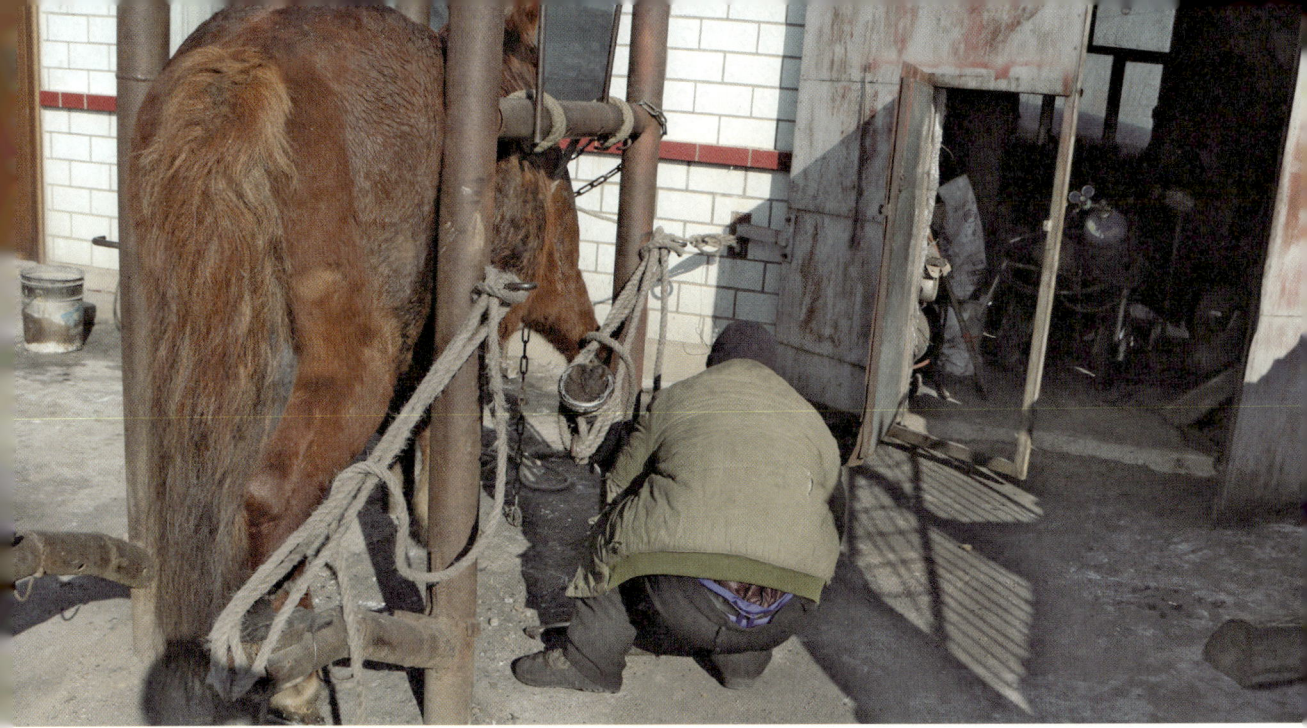

5-98 ◆一面坡

钉马掌儿 [tiŋ⁵³ma²¹tʂãr²¹³]

把一块马蹄形状的薄铁片钉在马掌上,以防止马在光滑的路面上摔倒。

转炉 [tʂuan⁵³lu²⁴]

"嘣苞米花儿"的过程,师傅一手摇风箱,一手转动压力锅。

5-97 ◆道里

哈尔滨 伍·农工百艺

洋铁匠儿 [iaŋ²⁴tʰie²¹tɕiãr⁵³]

　　用铁皮打制生活用具的手艺人。能打制或维修多种生活用具，如"水筲"[ʂuei²¹ʂau⁴⁴]（见图2-14）、"水舀子"[ʂuei²⁴iau²¹tsʅ⁰]（见图2-18）、"炉子"[lu²⁴tsʅ⁰]（见图2-66）等。现在已逐渐淡出人们的生活。

5-99 ◆ 一面坡

四 商业

5-100◆道里

仓买 [tsʰaŋ⁴⁴mai²¹³]

指小卖部、食杂店、小型超市等,主要出售糖果、点心、冷饮、烟酒等。"仓买"是哈尔滨地区特有的名称,据说这一名称出现于20世纪90年代,随着进货渠道增加、商品价格下降,有一些商家把储藏室直接放在了超市里面,顾客进入超市选购,实际上相当于直接在仓库内购买,所以叫"仓买",此类经营模式类似于哈尔滨开埠早期的前店后厂模式。

酒坊 [tɕiou²¹faŋ²⁴]

卖酒的店铺。酒坊原指酿酒的作坊,由于酿出的酒可以在酒坊直接出售,所以酒坊也是卖酒的场所,后来只卖酒不酿酒的店铺也称为酒坊。

5-101◆道外

5-103◆道外

招牌 [tṣau⁴⁴pʰai⁰]

挂在商店门前写明商店名称或所经销货物的牌子。哈尔滨保留了一些颇具特色的旧式招牌。图5-102是旧式"大列巴"（见图4-28）店的招牌，由图画、汉字、字母共同构成。招牌下端画的是在田野里收割麦子的场景，顶端是大列巴出炉的场景，稍下位置是汉字"大列巴"，主体是汉语拼音heliebo的哥特体，用以记录俄语单词хлеб的读音。这个招牌看起来简单朴素，但却糅合了多种文化要素，哈尔滨多元文化融合的特点由此可见一斑。图5-103是俄文招牌，上面俄文的意思是"中国商店"。

5-102◆道外

火勺儿馄饨店 [xuo²¹ṣaur⁰xuən²⁴tuən⁵³tian⁵³]

"火勺儿"[xuo²¹ṣaur⁰]是东北人对火烧的叫法。火烧是山东的面食，19世纪末闯关东的山东人把家乡的火烧带到关外。1949年前，"火勺儿"在哈尔滨很常见，主要是一些小吃店和流动的小摊贩售卖。"火勺儿"搭配鸡丝馄饨是当地的传统吃法，所以现在哈尔滨经营"火勺儿"的小店都是馄饨馆。

5-104◆道外

5-106◆临江

出床子 [tʂʰu⁴⁴tʂʰuaŋ²⁴tsɿ⁰]

在固定的摊位售卖商品，货物摆在比较高的架子上。

摆地摊儿 [pai²¹ti⁵³tʰɚ⁴⁴]

把货物摆在地上售卖，位置不固定。

5-105◆永胜

5-109◆道外

包子铺儿 [pau⁴⁴tsʅ⁰pʰur⁵³]

　　以卖包子为主的饭馆。张包铺是哈尔滨老道外最有名的店铺之一,建于1902年,是哈尔滨第一家有记载的中餐馆。创始人张仁,天津人。

哈勒滨饭庄儿 [xa²¹lə⁰pin⁴⁴fan⁵³tʂuãr⁴⁴]

　　老道外一家老字号饭店,是当年闯关东的人创办的。据说创办者初到哈尔滨时,为了谋生,挑着扁担沿街售卖自家制作的家乡小吃,慢慢积累形成了店铺。"哈尔滨"本为少数民族词语音译,当时哈尔滨的外国人和闯关东来的移民因发音不清把"哈尔滨"读为"哈勒滨"[xa²¹lə⁰pin⁴⁴]或"哈拉滨"[xa²¹la⁰pin⁴⁴],所以饭庄的名字叫"哈勒滨饭庄儿"。

5-108◆道外

5-110◆道外

砂锅儿店 [ʂa⁴⁴kuor⁴⁴tian⁵³]

以经营砂锅为主的饭馆。哈尔滨的李氏熏酱老街砂锅居，是老道外一家有代表性的老字号砂锅店。创始人李兴北，山东人，闯关东来到哈尔滨，先开了一家酱肉小作坊，后又增添了砂锅，至今已有80多年的历史。

秋林食品店 [tɕʰiou⁴⁴lin²⁴ʂʅ²⁴pʰin²¹tian⁵³]

售卖秋林食品的商店。秋林食品是哈尔滨特有的传统俄式风味食品，主要包括以"大列巴"（见图4-28）为代表的秋林面包、秋林"红肠儿"（见图4-80）、秋林糕点、秋林糖果、"格瓦斯"（见图4-46）等。

5-107◆道里

5-113 ◆道里

西餐厅 [ɕi⁴⁴tsʰan⁴⁴tʰiŋ⁴⁴]

　　提供西餐的饭店。哈尔滨被冠以"中国西餐之都"的称号，西餐历史悠久，不少西餐厅都是有百年历史的老字号。当地西餐厅以俄式西餐厅为主，有代表性的如华梅西餐厅。图 5-112 是华梅西餐厅牌匾。图 5-113 是华梅西餐厅二楼的顶棚，装饰风格与克里姆林宫相近。

5-112 ◆道里

老鼎丰 [lau²⁴tiŋ²¹fən⁴⁴]

　　哈尔滨老鼎丰已有百年历史,是 1991 年国家商务部首批认定的中华老字号。1911 年,浙江绍兴人王阿大和许欣庭来到哈尔滨,两人投资 2400 两白银在傅家甸正阳大街创办了老鼎丰南味货栈。时至今日,老鼎丰的月饼等糕点仍然深受哈尔滨人的喜爱。

5-111 ◆道外

5-115♦道里

八杂市儿 [pa²⁴tsa⁰ʂər⁵³]

  市场。俄语词базар的音译。

盘秤 [pʰan²⁴tʂʰəŋ⁵³]

  测定物体重量的器具。由"秤盘子"[tʂʰəŋ⁵³pʰan²⁴tsɿ⁰]、秤杆和秤砣等构成。

5-116♦道里

5-114◆南岗

秋林公司 [tɕʰiou⁴⁴lin²⁴kuŋ⁴⁴sʅ⁴⁴]

  哈尔滨秋林公司是一家历史悠久、驰名中外的老字号。公司创建于1900年，现已发展成为一家以商业为主的集团化、现代化大型商业零售企业。下设秋林食品厂、秋林糖果厂等。

酒提喽 [tɕiou²¹tʰi²⁴lou⁰]

  打酒的量具，用它把酒从坛子里盛出来。

5-117◆道里

哈尔滨　伍·农工百艺

5-118◆道里

5-119◆道外

漏斗儿 [lou⁵³tour²¹³]

把酒、油等液体灌到小口容器里的用具，上面是锥形的斗，下面是较细的管子，灌液体时，把细管子插入瓶口，把液体倒入斗里，液体从细管流进下面的容器里。

斗 [tou²¹³]

量粮食的器具，容量是一斗。

升 [ʂən⁴⁴]

量粮食的器具，容量为"斗"的十分之一。图 5-120 中最左边的是"升"，中间两个是"半升" [pan⁵³ʂən⁴⁴]，最右边的是"合" [kɤ²¹³]，容量为"升"的十分之一。

5-120◆巴彦

五 其他行业

5-122◆永胜

鱼池 [y²⁴tʂʰʅ²⁴]

养鱼的池塘。冬天下雪的时候要清扫鱼塘表面的积雪，让阳光照进水底，给浮游植物提供光照，保障光合作用，从而保障水中溶解氧的浓度，以防止鱼因缺氧而死。

翻鱼 [fan⁴⁴y²⁴]

民间古老的冬捕方法。用"冰镩子"[piŋ⁴⁴tsʰuan⁴⁴tsʅ⁰]在厚厚的冰上凿洞，凿到出水为止，然后把捕鱼工具从洞口探入水里，把深水里的鱼捕上来。

5-121◆永胜

5-123◆永胜

羊倌儿 [iaŋ²⁴kuɚ⁴⁴]

放羊人。以前在生产队里,有专门放羊、放牛、放马、放猪等的人员,分别叫"羊倌儿"、"牛倌儿"[n̠iou²⁴kuɚ⁴⁴]、"马倌儿"[ma²¹kuɚ⁴⁴]、"猪倌儿"[tʂu⁴⁴kuɚ⁴⁴]等,包产到户以后,农民自家饲养牲畜并自己放牧,这些称谓很少使用了。

冰镩子 [piŋ⁴⁴tsʰuan⁴⁴tsɿ⁰]

铁质的有尖头的工具,用来在冰上凿洞。

5-126◆永胜

5-124 ◆ 永胜

放牛 [faŋ⁵³ȵiou²⁴]

把牛赶到野外放牧。

放羊 [faŋ⁵³iaŋ²⁴]

把羊赶到野外放牧。

5-127 ◆永胜

5-128 ◆永胜

绰罗子 [tʂʰau⁴⁴luo²⁴tsɿ⁰]

捕鱼工具，木头长柄前边安装网兜，网兜带有细孔。

挂子 [kua⁵³tsɿ⁰]

一种渔网，挂在水里把鱼拦住。

镩冰窟窿 [tsʰuan⁴⁴piŋ⁴⁴kʰu⁴⁴luŋ⁰]

用"冰镩子"在冰面上凿窟窿，穿透冰层，直到冒出水来为止。其中关键的一步是判断凿冰的位置，有经验的渔民能够隔着冰层判断出大约什么位置有鱼，从而确定凿冰的位置。

5-129 ◆永胜

5-131 ◆永胜

搅鱼 [tɕiau²¹y²⁴]

用"绰罗子"(见图 5-127)在冰窟窿里用力翻搅,使水形成漩涡,把深处的水搅上来,同时把水底的鱼带上来。

钩鱼 [kou⁴⁴y²⁴]

用"履钩"[ly²¹kou⁴⁴]把鱼从水底钩上来。"履钩"是冬捕专用工具,在长长的竹片上钉多个铁钩,把它探入深水里,上面的铁钩把鱼钩住。

5-130 ◆永胜

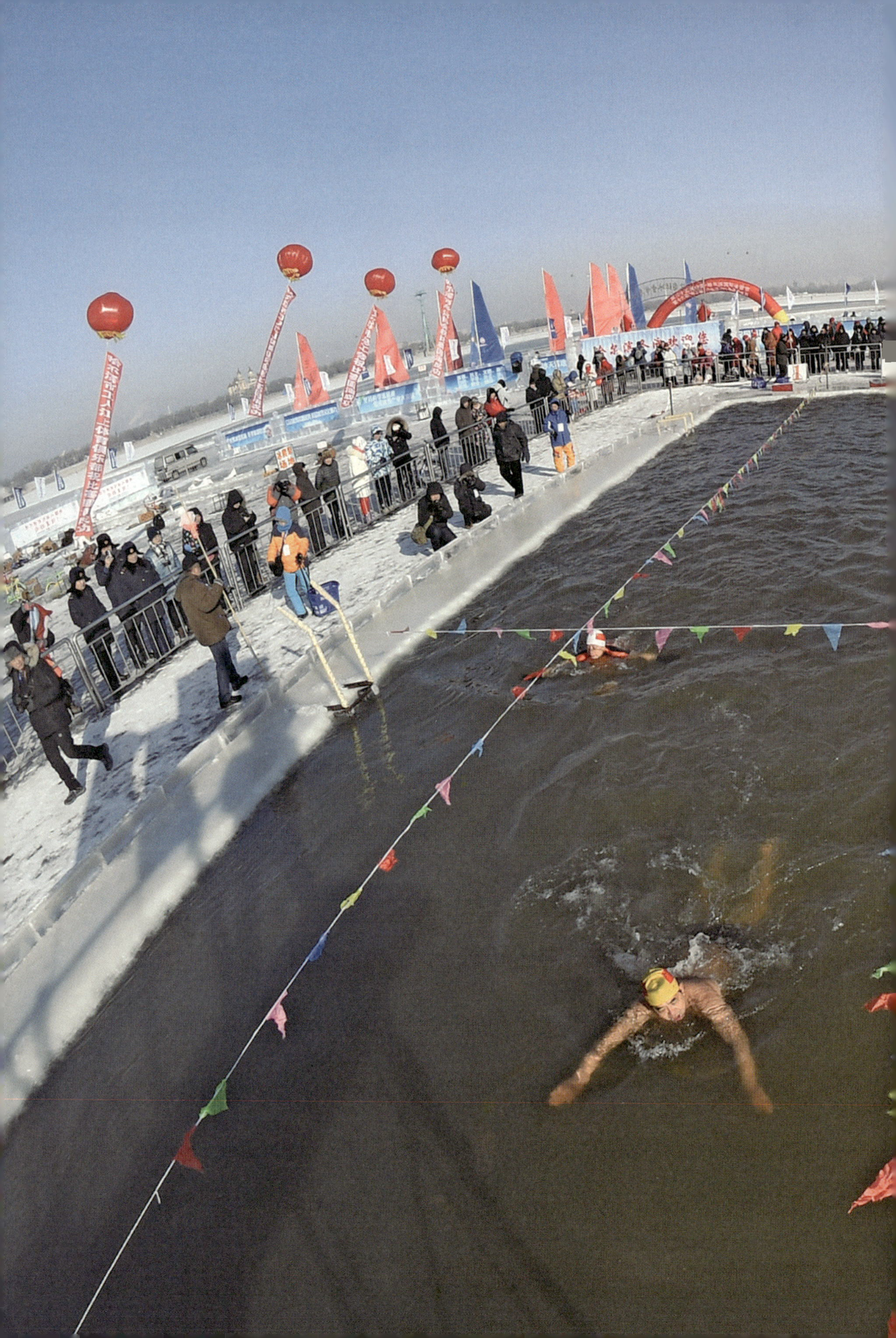

陆·日常活动

哈尔滨由于其特殊的历史背景，建城之初就是一个国际化的都市，一个崇尚高雅文化的城市。

哈尔滨是中国接触欧洲古典音乐最早的城市，中国第一场交响音乐会在哈尔滨奏响，第一支交响乐团在哈尔滨成立。新中国成立以后，哈尔滨市的音乐文化事业迅速发展，1961年7月5日，第一届"哈尔滨之夏音乐会"于哈尔滨青年宫拉开帷幕，后逐渐发展成国际性文化盛会。2010年6月22日，哈尔滨被联合国授予"音乐之城"称号。

哈尔滨电影院历史悠久，和平电影院、亚细亚电影院、哈尔滨电影院、天鹅电影院都是20世纪开办的老电影院，和平电影院开办于1908年，是国内现存最早的电影院。20世纪50年代到80年代，在电视机普及之前，看电影是满足人们精神生活需求的一项重要活动，电影院经常爆满，有的电影院甚至昼夜不停地工作。

中东铁路开通后，不同宗教信仰的人来到哈尔滨，他们在哈尔滨修建了各种风格的宗教建筑，哈尔滨因此被称为"教堂之城"，这些宗教建筑现在多已成为保护文物。

在电视机普及之前，农村的日常生活比较单调，农民基本日出而作，日落而息，农忙时起早贪黑下地劳作，农闲时节也很少休息，似乎有干不完的活计。除了种田，家里一般都饲养牲畜和家禽，牲畜需要放牧和喂养，每天要放牛、放羊，割草，贮备饲料。

村子里偶尔也会唱戏，主要是民间艺人表演二人转，这些民间艺人都是业余的，农忙时下地干活，农闲时走乡串屯演出。农闲时也会放映露天电影，农村的露天电影深受欢迎，看电影像过节一样，大人们早早准备了晚饭，炒了瓜子，早早赶到放映场地占个靠前的位置。电影放映之前，大人们一边吃瓜子一边聊天，孩子们凑在一起玩闹。后来，收音机逐渐普及，劳动之余，人们听听新闻，听听评书，听听相声，听听二人转，业余生活慢慢丰富起来。再后来出现了电视机，人们的生活逐步走向现代化。

信仰方面，部分人受萨满教的影响相信鬼神，以前有些人生病，不去求医问药，先请大神跳神。现在人们的文化水平整体提升了，相信科学，相信医学，鬼神之说往往被当作笑谈。

起居

6-1◆阿城

吃喜儿 [tʂʰɹ⁴⁴ɕiər²¹³]

参加乔迁、升学、孩子百天等喜事的宴会。参加婚宴叫"坐席"[tsuo⁵³ɕi²⁴]。

梳小辫儿 [ʂu⁴⁴ɕiau²¹piɤr⁵³]

20世纪70年代以前，女孩子的发型主要是辫子，头发从中间均匀地分成两份，每份再分三股，编成麻花状。

6-5◆道里

6-4◆一面坡

抽洋烟 [tʂʰou⁴⁴iaŋ²⁴ian⁴⁴]

抽香烟。哈尔滨把香烟称为"洋烟"[ian²⁴ian⁴⁴]。中东铁路开通后，俄式纸嘴卷烟随着俄侨传入哈尔滨。1902年，波兰人伊利奥·阿罗维奇·老巴夺和其弟阿勃拉·阿罗维奇·老巴夺在哈尔滨开设了一个卷烟手工作坊，这是中国第一个卷烟厂。1904年，在道里中央大街创办葛万那烟庄，1909年成立老巴夺父子烟草公司，1952年被收归国有，改名为国营哈尔滨卷烟厂。

6-2◆阿城

6-3◆永胜

烟袋 [ian⁴⁴tai⁵³]

抽烟工具，一端安有一个烟袋嘴，衔在嘴里，另一端安有一个烟袋锅，用来装烟。20世纪七八十年代，还有很多老年人抽烟袋，现在基本没有了。

烟笸箩 [ian⁴⁴pʰɤ²¹luo⁰]

用来装烟的小笸箩，放在炕上，里边装着搓碎的烟叶和撕成长条的纸片。抽烟时先用纸片把烟卷上，现抽现卷。以前吸烟的人多，几乎家家炕上都放一个"烟笸箩"，来客人了先给客人找"烟笸箩"，招呼客人吸烟。

6-6 ◆道里

刷子 [ʂua⁴⁴tsɿ⁰]

  20 世纪 70 年代以后女孩子的主要发型之一，头发从中间均匀地分成两份，然后分别高高束起。

集 [tɕi²⁴]

  集市。很多农村和乡镇都有集市，一般十天一个集，集上小商小贩云集，售卖各种零零碎碎的生活用品。

6-7 ◆道里

唠嗑儿 [lau⁵³kʰɣr⁴⁴]

聊天。在农村，农闲时，人们常围在一起，或站或蹲，家长里短地闲聊。城里凑在一起闲聊的，多数是赋闲的老年人，夏天在公园或小区里，天气冷的时候往往站在朝阳处，一边晒太阳一边闲聊。

赶集 [kan²¹tɕi²⁴]

到集市去购物。农村很少有大型购物市场，所以日常用品大多到集市上去买。农村人很喜欢赶集，因为集市一般离家较近，商品种类繁多，价格合理。

6-9 ◆临江

二 娱乐

6-14 ◆呼兰

纸牌 [tʂʅ²¹pʰai²⁴]

用纸糊的牌，最早的纸牌是自家手工糊成的。共 120 张，包括条、饼、万，白花、红花、老千等。纸牌有"看对和"[kʰan⁵³tuei⁵³xu²⁴]、"看马掌"[kʰan⁵³ma²⁴tʂaŋ²¹³] 等不同玩法，是老年人喜爱的一种娱乐活动。

6-13 ◆永胜

走五道儿 [tsou²⁴u²¹taur⁵³]

由横、竖各五条直线组成格子图，随便取两种能区别开的东西做棋子，石子、木棍等都可以，各五个。双方各从底线开始下，若一方的两枚棋子置于同一直线上的相邻两格，就可以吃掉同一直线上相邻的对方的一枚棋子，以吃掉对方全部棋子为赢。

6-11 ◆道里

下边干 [ɕia⁵³pian⁴⁴kan⁵³]

由横、竖各五条线组成方格图。双方各取12枚石子、木棍等不同的东西做棋子。一方的棋子全部占据了正方形任何一条边上的五个横竖线交叉点，叫"边干"[pian⁴⁴kan⁵³]。全部占据正方形对角线上的五个点叫"通天"[tʰuŋ⁴⁴tʰian⁴⁴]。一方的三枚或四枚棋子构成斜线叫"三斜"[san⁴⁴ɕie²⁴]或"四斜"[sɿ⁵³ɕie²⁴]。一方的四枚棋子构成一个正方形叫"小井"[ɕiau²⁴tɕin²¹³]。先构成以上图案中的任何一个为赢。

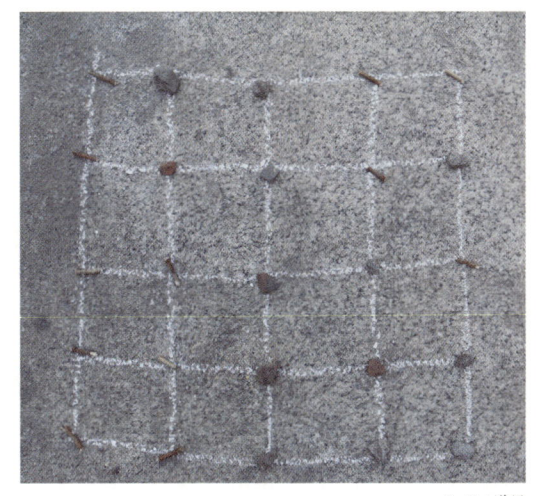

6-12 ◆道里

下棋 [ɕia⁵³tɕʰi²⁴]

下棋是很多人的业余爱好，哈尔滨人喜欢在街边下棋。图6-10是哈尔滨道里区建国公园里刻在砖地上的棋盘，一群人围在这里下棋或观棋，天寒地冻也挡不住人们的热情。

6-10 ◆道里

6-15◆永胜

打扑克儿 [ta²¹pu²⁴kʰɤr⁰]

扑克有多种玩法，常见的有"升级"[ʂəŋ⁴⁴tɕi²⁴]、"对主"[tuei⁵³tʂu²¹³]、"五十开"[u²¹ʂʅ²⁴kʰai⁴⁴]等。基本规则是一张管一张，两张管两张，三张管三张，四张相同的叫"炸"[tʂa⁵³]，"炸"可以管两个"王"[uaŋ²⁴]以外的所有牌，两个"王"最大。

嘎啦哈 [ka²¹la⁰xa⁵³]

过去女孩子的重要玩具。原为猪、牛、羊等动物后腿的膝盖骨。"嘎啦哈"有四个面，分别叫"背儿"[pər⁵³]、"坑儿"[kʰə̃r⁴⁴]、"支儿"[tʂər⁴⁴]、"轮儿"[luər²⁴]。四个"嘎啦哈"为一副。玩的时候，要配一个"口袋"[kʰou²¹tai⁰]沙包。一般的玩法是先积分，再"搬支儿"[pan⁴⁴tʂər⁴⁴]把四个"嘎啦哈"翻为相同的面。先掷"嘎啦哈"，会掷出四个面的不同搭配，每种搭配方法的分数不同。掷完后，将口袋高高抛起，按照得分的规则去抓"嘎啦哈"，抓完后再接住口袋，如果没按照规则抓起或没接住口袋，这一轮就结束了，给对方玩。积满一千分开始"搬支儿"，四个面分别"搬"一遍，先完成这个过程者赢。

6-16◆双城

毽儿 [tɕʰiɚ⁵³]

　　一种用脚踢的玩具，常用来游戏或健身。手工做"毽儿"叫"勒毽儿"[lei⁴⁴tɕʰiɚ⁵³]，以前用铜钱和鸡毛做，把鸡毛穿进铜钱的孔里，越紧密越好，然后绑紧固定。踢"毽儿"可以一个人踢，也可以几个人一起踢。以前孩子们常玩，现在孩子们很少玩了，踢"毽儿"的主要是一些老年人。

6-17◆道里

6-18◆道里

6-20 ◆永胜

6-23 ◆江北

泥蛋儿 [ȵi²⁴tɚ⁵³]

男孩子玩的用泥土攒成的圆球形玩具。有两种玩法，一种是用来打弹弓，另一种是弹"泥蛋儿"。后来弹"琉琉儿" [liou²⁴liour⁰] 玻璃球 逐渐取代了弹"泥蛋儿"。

钉杠锤 [tiŋ⁵³kaŋ⁵³tʂʰuei²⁴]

两个人或几个人同时伸手做手势决定输赢，整个手掌摊开为"布" [pu⁵³]，握拳为"石头" [ʂʅ²⁴tʰou⁰]，食指中指做剪刀状为"剪子" [tɕian²¹tsʅ⁰]，三者相互制约。

翻绳儿 [fan⁴⁴ʂə̃r²⁴]

女孩子玩的一种游戏，把一根线绳两头系住，挂在手指上，然后翻出各种不同的花样，每种花样都有名字，如"花手绢儿" [xua⁴⁴ʂou²¹tɕyer⁵³]、"挂面条儿" [kua⁵³mian⁵³tʰiaur²⁴]、"老牛槽" [lau²¹ȵiou²⁴tsʰau²⁴]、"拨拉锤子" [pu⁴⁴la⁰tʂʰuei²⁴tsʅ⁰] 等。

6-21 ◆江北

谝⁼记⁼ [pʰia⁵³tɕi⁰]

用纸叠成的玩具，正方形，有正、反两个面，正面由四个小三角形构成，背面由一个正方形或两个三角形构成，是以前男孩子常玩的玩具。玩的时候，将"谝⁼记⁼"（见图6-19）扣在地上，正面朝上，由别人用另一张""谝⁼记⁼"扇打，扇翻过来算赢，被扇翻过来的"谝⁼记⁼"归扇打者所有，输家接着把自己的另一个"谝⁼记⁼"扣在地上让对方继续扇打。如果没扇翻过来，由扇打的人将自己的"谝⁼记⁼"扣在地上，让对方扇打。

6-19◆永胜

打鸡蛋黄子 [ta²¹tɕi⁴⁴tan⁵³xuaŋ²⁴tsʅ⁰]

也叫"打口袋"[ta²¹kʰou²¹tai⁰]，玩时分两伙，一伙扔口袋，站两头，另一伙接口袋，站中间。接口袋一伙如果接着口袋，就得分，如果有人被口袋打中，就要站在一边，等同伴接到口袋"救"他"复活"，接着一个和被打中一次可以抵消。被打的一伙全部被打中时，双方交换。

6-22◆江北

6-27 ◆道里

6-25 ◆道里

喇叭 [la²¹pa⁰]

一种常见乐器，是扭秧歌、二人转里面不可缺少的乐器。吹喇叭的人叫"喇叭匠子"[la²¹pa⁰tɕiaŋ⁵³tsɿ⁰]。

镲 [tʂʰua²¹³]

一种打击乐器，由两个组成一副，撞击发出声响。

扭大秧歌儿 [ɲiou²¹ta⁵³iaŋ⁴⁴kər⁰]

秧歌是哈尔滨及东北最常见的民间舞蹈。"扭大秧歌儿"是以前过年时的庆祝形式，现在过年不扭秧歌了，扭秧歌变成了老年人的健身娱乐项目，在公园里、广场上都可以见到。

6-28 ◆道里

6-29◆道里

扇子 [ʂan⁵³tsʅ⁰]

戏剧和舞蹈里常用的道具,在东北的二人转和大秧歌里不可或缺。扇子色彩艳丽,可烘托出热烈的气氛。

锣 [luo²⁴]

一种金属敲击乐器。

大鼓 [ta⁵³ku²¹³]

常见的传统打击乐器,是扭秧歌等歌舞活动必备的一种乐器。

6-26◆道里

6-24◆道里

哈尔滨　陆·日常活动

221

6-30◆呼兰

二人转 [ɚ⁵³zən²⁴tʂuan⁵³]

　　最具东北特色的民间艺术形式，一男一女两名演员表演，道具是扇子和手绢。东北二人转主要源于东北大秧歌和河北的莲花落，距今有三百年的历史。2006年东北二人转被国务院列入第一批国家级非物质文化遗产名录。二人转有传统二人转和新式二人转两种。传统二人转以演唱为主，内容多为表现一段故事，如传统名段《大西厢》《回杯记》《祝九红吊孝》《梁赛金擀面》《马前泼水》《包公断太后》等。新式二人转增加了说和逗的形式，减少了传统演唱。图6-30的男演员是黑龙江电视台《欢乐英雄转》的获奖演员刘景全，另一名表演者为刘彩霞。

6-31 ◆道外

戏台 [ɕi⁵³tʰai²⁴]

　　文艺演出的舞台。图 6-31 是一个室外戏台。

拉爬犁 [la⁴⁴pʰa²⁴li⁰]

　　冬天，户外冰天雪地，道路光滑，适合在上面"拉爬犁"。农村一般家里都有爬犁，以前的爬犁都是自家用木头钉制的，现在城里一些游乐场用的多是充气轮胎式的圆圈。

6-32 ◆道里

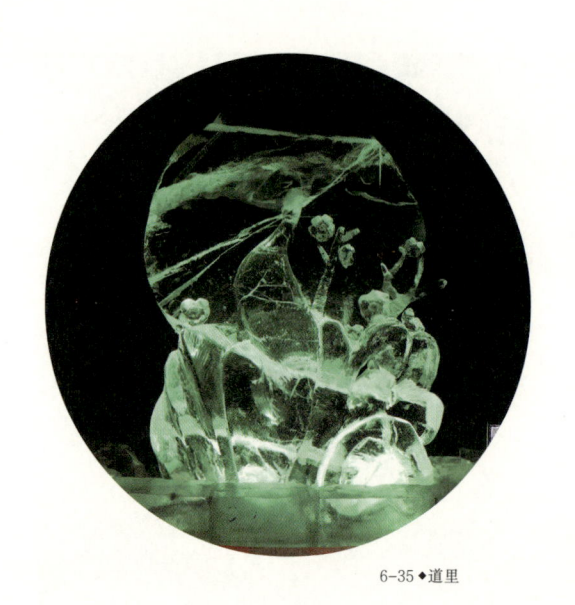

冰灯 [piŋ⁴⁴təŋ⁴⁴]

以冰为原料,雕刻成各种形态,如动物、植物、人物、建筑等,内置光源。最早的冰灯是为防止蜡烛被风吹灭,用水桶冻成冰罩,罩住蜡烛。后来发展成冰雕艺术,光源也由原来的蜡烛发展为电灯。

6-35◆道里

冰雪节 [piŋ⁴⁴ɕye²¹tɕie²⁴]

哈尔滨素有"冰城"之称,拥有得天独厚的冰雪资源,是中国冰雪艺术的摇篮。1963年,在兆麟公园举办了第一届冰灯游园会,之后每年举办一次。在冰灯游园会的基础上,1985年又创办了冰雪节,从那时起把每年1月5日确定为冰雪节开幕日。1991年,冰雪节发展为"中国·哈尔滨国际冰雪节"。冰雪艺术家们打磨出一个又一个神奇的冰雪作品,为海内外游人创造了一个梦幻般的冰雪世界。

6-36◆道里

6-34 ◆道里

抽冰尜儿 [tʂʰou⁴⁴piŋ⁴⁴kar²⁴]

在冰面上抽陀螺。以前的"尜儿"是用木头削的，两头尖，中间粗，后来出现了铁制的，只有一头是尖的，另一头是平面的。

打出溜滑儿 [ta²¹tʂʰu⁴⁴liou⁰xuar²⁴]

在冰面或光滑的雪地上从一头滑到另一头，或从较高的位置滑下来，可以是站立或下蹲的姿势，不借助任何工具，也可以坐在滑板上从高处滑下。

6-33 ◆道里

三信奉

6-37●南岗

孔子像 [kʰuŋ²⁴tsɿ²¹ɕiaŋ⁵³]

哈尔滨文庙棂星门与大成门之间的孔子行教铜像。

6-38◆南岗

文庙 [uən²⁴miau⁵³]

哈尔滨文庙是我国现存的最后建成的一座规制完备的孔庙,也是黑龙江省境内保存最完整、规模最宏大的仿古建筑群,其规模仅次于山东曲阜孔庙和北京孔庙。始建于1926年,建成于1929年,由张学良题写碑记。1996年文庙被列为全国重点文物保护单位,2006年文庙被列为国家级文物保护单位。

财神 [tsʰai²⁴ʂən²⁴]

保佑发财的神仙。一般的人家、商家都会在墙上贴财神像。过年的时候,还会把财神像贴到门上。

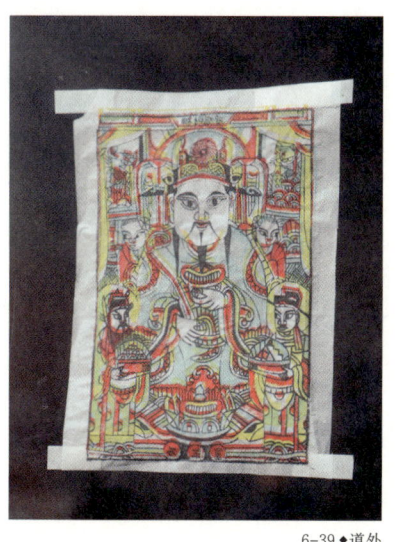

6-39◆道外

6-40 ◆ 五常

土地庙 [tʰu²¹ti⁵³miau⁵³]

供奉土地神的小庙，修在村外的田野里。

6-41 ◆ 临江

土地神神龛 [tʰu²¹ti⁵³ʂən²⁴ʂən²⁴kʰan⁴⁴]

土地庙里土地神的神龛，供奉的是一块牌位，牌位前有香炉及水果、白酒等供品。

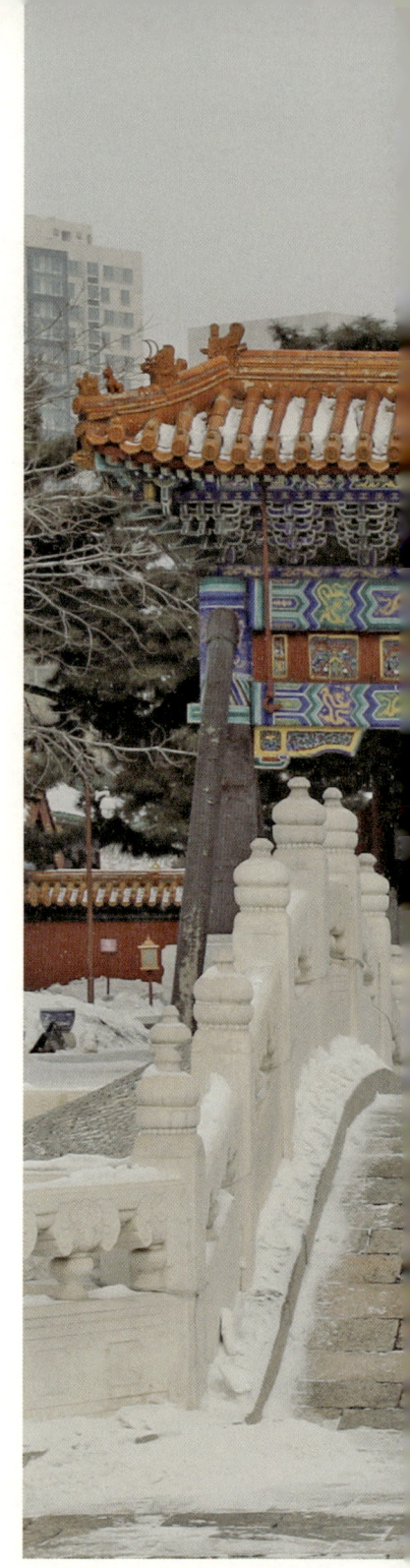

6-42◆南岗

状元桥 [tṣuan⁵³yan²⁴tɕʰiau²⁴]

　　哈尔滨文庙中的泮池泮桥，是由 46 根望柱、50 块栏板构成的汉白玉石拱桥。其建筑整体特点是"泮池如月，虹桥飞架，白玉雕杆，剔透玲珑"。

6-44◆南岗

华严寺 [xua²⁴ian²⁴sʅ⁵³]

尼众寺院，始建于1920年，1929年续建，1937年竣工。依据佛教华严宗的经典《华严经》命名。最初是一座女庙，后也有居士在此修行。砖木结构，由山门、天王殿、僧房、大雄宝殿、耳殿、东西配房等建筑组成。

香炉 [ɕiaŋ⁴⁴lu²⁴]

祭拜神灵时的插香用具。

6-45◆临江

6-43 ◆南岗

极乐寺 [tɕi²⁴lɤ⁵³sɿ⁵³]

东北三省四大著名佛教寺院之一，落成于1924年秋。整座寺院分两期完成。其中山门、天王殿、大雄宝殿、三圣殿是建寺初期建成的，藏经楼、七级浮屠塔和圆寂比丘普同塔是1939年由第二任方丈如光法师主持修建的。寺庙山门的寺匾为清末状元张謇题写。

八卦镜 [pa²⁴kua⁵³tɕiŋ⁵³]

民间认为八卦镜可扭转乾坤，调节风水，凸镜镇宅化煞，凹镜吸财纳福。八卦镜在一些老建筑上比较常见，尤其是面对面的两座建筑的门恰好正对时。

6-46 ◆道外

哈尔滨 陆·日常活动

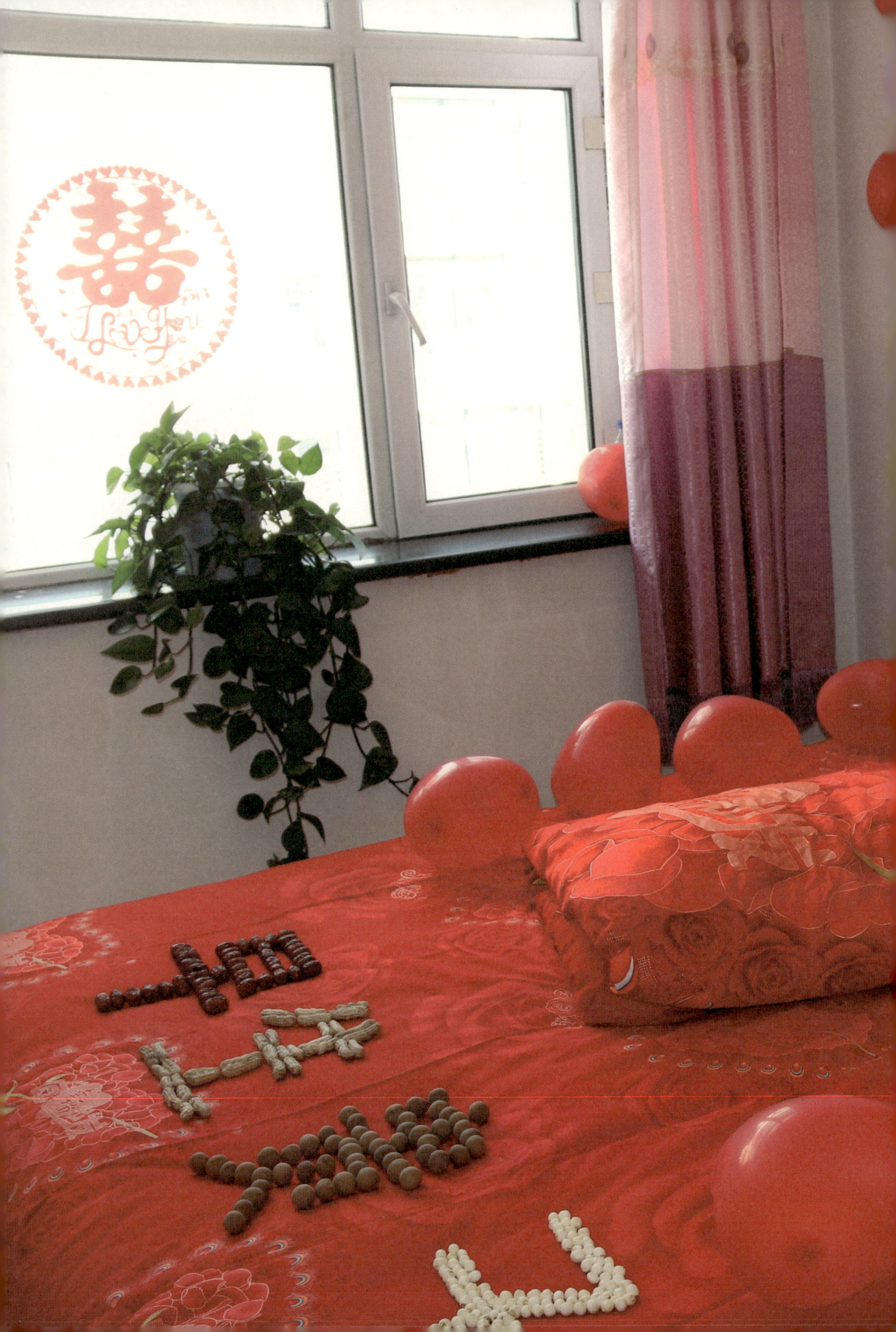
囍
I Love You

柒·婚育丧葬

婚育丧葬方面，哈尔滨受现代生活方式影响明显，传统风俗消失殆尽。从婚俗来看，即使在非常偏僻的乡村，婚礼也是中西合璧式的，而在城市，西式婚礼越来越多，很多人选择在教堂举行婚礼。丧礼传统仪式保留多一些，但是推行火化以来，丧葬的形式也有所简化。生育方面习俗保留更少，现在的年轻人大多按照科学的方法备孕、生产、坐月子。

在自由恋爱出现之前，农村的婚俗一般包括媒人保媒、"相门户"[ɕiaŋ⁴⁴mən²⁴xu⁰]相亲、要彩礼、"过礼"[kuo⁵³li²¹³]给新娘家彩礼、办婚礼等几个步骤。过去结婚是送亲，女方家亲戚朋友把新娘子送到婆家，早年送亲用马车，后来用机动车。现在是接亲，男方家去女方家把新娘子接过来。早年结婚时娘家给新娘嫁妆叫"陪送"[pʰei²⁴suŋ⁰]。新娘在结婚前要做新鞋子、新衣服等。在婚礼前夜，新娘子把这些东西用新包袱皮包成几个包裹，叫"包包棱"[pau⁴⁴pau⁴⁴ləŋ⁰]，在新婚之夜，婆家人一般要当众把"包棱"打开，叫"翻包棱"[fan⁴⁴pau⁴⁴ləŋ⁰]，看看新娘子的针线活如何。新娘子在上车之前要坐在炕上哭，叫给娘家留金豆子。送亲的车到婆家后，新娘怀抱斧子、大葱等脚踩高粱口袋下车，

在院子里举行典礼仪式，然后送入新房"坐福"[tsuo⁵³fu²¹³]（见图 7-4），"坐福"结束后，喜宴开始。婚礼当天晚上新郎要吃"子孙饺子"[tsɿ²¹suən⁴⁴tɕiau²¹tsɿ⁰]。

以前农村生孩子多是在家里，农村有专门接生的人，叫"老牛婆"[lau²¹ȵiou²⁴pʰɤ²⁴]，给小孩接生叫"包孩子"[pau⁴⁴xai²⁴tsɿ⁰]。以前生孩子叫"躺下了"[tʰaŋ²¹ɕia⁰lə⁰]，生个男孩叫"捡个小子"[tɕian²¹kə⁰ɕiau²¹tsɿ⁰]，生个女孩叫"捡个丫头"[tɕian²¹kə⁰ia⁴⁴tʰou⁰]，坐月子叫"猫月子"[mau⁴⁴ye⁵³tsɿ⁰]。坐月子期间关门关窗，谨防受风。坐月子期间产妇饮食比较单一，主要吃鸡蛋，喝小米粥。以前给生孩子的人家随礼叫"下奶"[ɕia⁵³nai²¹³]，礼品主要是鸡蛋。

传统丧事的礼节比较复杂，要请"阴阳仙儿"[in⁴⁴iaŋ²⁴ɕier⁴⁴]风水先生，一切都在"阴阳仙儿"的指挥下进行。一般程序是在人去世以后搭建灵棚，在灵棚停放一天或三天，供亲属吊唁，然后出殡，送到墓地埋葬。推行火葬以后，仪式有所简化。

一 婚事

7-2 ◆永胜

献花儿 [ɕian⁵³xuar⁴⁴]

婚礼开始时,新郎向新娘献花。

7-3 ◆永胜

给老婆婆戴花儿 [kei²⁴lau²¹pʰɤ²⁴pʰɤ⁰tai⁵³xuar⁴⁴]

婚礼中，新娘子给婆婆戴花，并从此改口，管公公、婆婆叫爸爸、妈妈。公公、婆婆给新娘红包。

找鞋 [tʂau²¹ɕie²⁴]

婚礼习俗之一，新娘子准备一双红色鞋子，藏起来，两只鞋分别藏在不同的地方。接新娘时，新郎要先找到两只鞋。

7-1 ◆永胜

7-5◆永胜

洗手 [ɕi²⁴ʂou²¹³]

"坐福"时新郎、新娘在新脸盆里洗手，盆里放大葱和硬币，"葱"与"充"谐音，寓意新人生活充裕富足，新人要把硬币捞出来，寓意有钱"捞"[lau⁴⁴]赚。

坐福 [tsuo⁵³fu²¹³]

新郎、新娘被送入新房后，先在新房的炕上或者床上坐一会儿，然后再下地，民间认为这样能带来福气。新娘下地要由小叔子拉一下。

7-4◆永胜

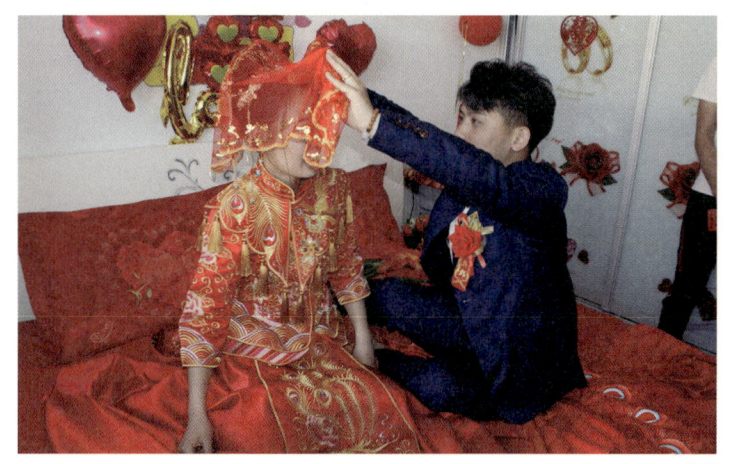

7-6 ◆永胜

蒙头红 [məŋ²⁴tʰou²⁴xuŋ²⁴]

  盖头。过去新娘从娘家出门时蒙在头上,"坐福"结束后由新郎揭下来。现在新娘从接亲车上下来才戴上。

婚床 [xuən⁴⁴tʂʰuaŋ²⁴]

  新房里的床。婚床上一切用品必须是新的、红色的,床上摆上"早生贵子"字样。"早"字用大枣摆成,"生"字用花生摆成,"贵"字用桂圆摆成,"子"字用莲子摆成。

7-7 ◆永胜

二 生育

7-12 ◆永胜

长命锁 [tʂʰaŋ²⁴miŋ⁵³suo²¹³]

婴儿百天时佩戴的饰品，多为银质的，取长命百岁之意。

月子饭 [ye⁵³tsɿ⁰fan⁵³]

产妇坐月子时吃的饭。以前产妇伙食非常单一，几乎只有小米粥和鸡蛋，鸡蛋差不多是唯一的营养来源，每顿饭都要吃几个鸡蛋。以前给产妇送的礼品主要是鸡蛋，婆家和娘家都要给产妇准备很多鸡蛋。现在习俗发生了变化，讲究科学饮食，饭菜种类丰富、营养全面。

7-8 ◆永胜

褯子 [tɕie⁵³tsɿ⁰]

尿布，用红布裁成的大小不等的布片，大片的用来包裹婴儿，小片的垫在婴儿臀下接大小便。

7-10 ◆ 永胜

7-9 ◆ 永胜

带卡子 [tai⁵³tɕʰia⁴⁴tsɿ⁰]

捆扎婴儿的用具，长条形，两端有带子可以系成结。以前刚出生的婴儿用一块红布包裹起来，用"带卡子"将胳膊捆住。老人说捆"带卡子"可使婴儿睡得踏实，防止婴儿把自己的脸抓破。

7-11 ◆ 永胜

绑腿儿 [paŋ²¹tʰuər²¹³]

过去用来捆住婴儿腿部的红布条。婴儿用"褯子"包上后，用红布条将腿捆住。传说不捆的话孩子的腿会长弯。

三 丧葬

7-14 ◆一面坡

椁头纸 [kuo²¹tʰou²⁴tʂɿ²¹³]

挂在逝者家大门口的丧家标志。逝者为男性挂在门左侧，逝者为女性挂在门右侧，纸的条数是逝者年龄加二，额外加的两条表示天与地。

灵棚 [liŋ²⁴pʰəŋ²⁴]

灵堂，临时搭建的停放棺材和祭拜的场所。

7-17 ◆一面坡

7-15 ◆ 一面坡

7-16 ◆ 一面坡

装老衣裳 [tʂuaŋ⁴⁴lau²¹i⁴⁴ʂaŋ⁰]

寿衣。一般 7 件，包括衬衣衬裤，棉衣棉裤，一套外衣和一件长外套。不论去世的时间是冬天还是夏天，都要穿棉衣棉裤。寿衣尽量在逝者临终前穿上，认为这样才能"得"[tɤ²¹³]能带到阴间去。

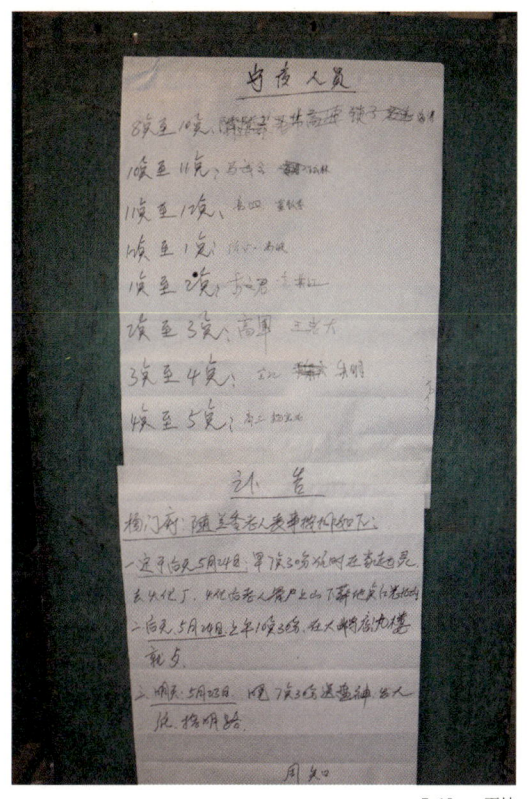

7-13 ◆ 一面坡

讣告 [fu⁵³kau⁵³]

关于丧礼具体事项安排等的告示。

灵位 [liŋ²⁴uei⁵³]

灵前摆供桌，上面摆放祭品、香碗、长明灯。长明灯要一直亮着，中间不能灭，香也要一直烧着，不能断，一直到起灵，整晚都要有人守灵。

7-18 ◆ 一面坡

7-19 ◆一面坡

花圈 [xua⁴⁴tɕʰyan⁴⁴]

用纸扎成的祭奠用品,以前都是白色的,用白纸叠成白花,绑在花圈架子上。现在都是彩色的,在"扎彩店"[tʂa⁴⁴tsʰai⁰tian⁵³]卖各种纸扎祭品的店铺里可以买到。

上香 [ʂaŋ⁵³ɕiaŋ⁴⁴]

祭拜者在灵前把香点燃,插在香碗里,然后磕头。

7-23 ◆一面坡

7-20 ◆一面坡

丧盆子 [saŋ⁴⁴pʰən²⁴tsʅ⁰]

放在灵前烧纸钱用的瓦盆，"出灵"[tʂʰu⁴⁴liŋ²⁴]（见图7-28）时在大门口摔碎。

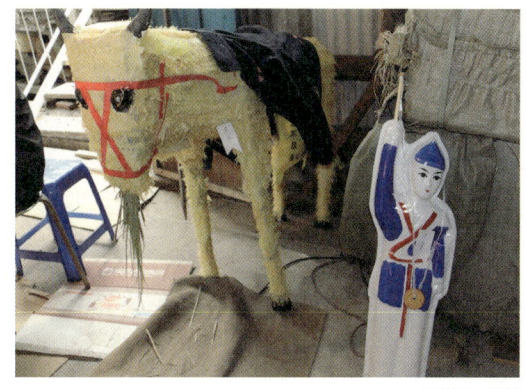

7-22 ◆一面坡

纸牛 [tʂʅ²¹niou²⁴]

祭奠用品，用高粱秆、纸等扎的牛。逝者为女性，扎牛。把逝者生前常穿的旧衣服披在牛身上，认为到另一个世界便于认出哪头牛是自己的。扎牛是为了让牛帮助喝脏水，因为女性生前总洗衣服，生前洗衣服的脏水到另一个世界要喝光。如果逝者为男性，扎马，马可以帮助逝者驮东西。

烧纸钱 [ʂau⁴⁴tʂʅ²¹tɕʰian²⁴]

烧冥币。把烧出的灰烬凉凉，包好放在棺材里，给逝者带走。

7-21 ◆一面坡

7-24 ◆一面坡

扎彩 [tʂa⁴⁴tsʰai⁰]

纸扎的祭品,有房子、汽车、家用电器、银库,等等。

家属答礼 [tɕia⁴⁴ʂu²¹ta²⁴li²¹³]

家属向祭拜者还礼。

7-26 ◆一面坡

纸钱 [tʂɿ²¹tɕʰian²⁴]

冥币。在黄纸上印上各种面额，也有在白纸上印的。

7-25 ◆一面坡

写礼账 [ɕie²⁴li²¹tʂaŋ⁵³]

记下随礼者的名字和礼金数额。丧事随礼必须在下葬当天，过后不能补。

7-27 ◆一面坡

7-29 ◆一面坡

灵当⁼幡儿 [liŋ²⁴taŋ⁰fer⁴⁴]

引魂幡，出殡前放在灵前，出殡时由长子扛到坟地，逝者被埋葬后引魂幡插在坟上。

入殓 [zu⁵³lian⁵³]

人去世以后，洗净身体，穿好寿衣，装到棺材里。推行火化以后，火化前先装在临时的棺材里，火化后，把骨灰拉到墓地，装在正式的棺材里。

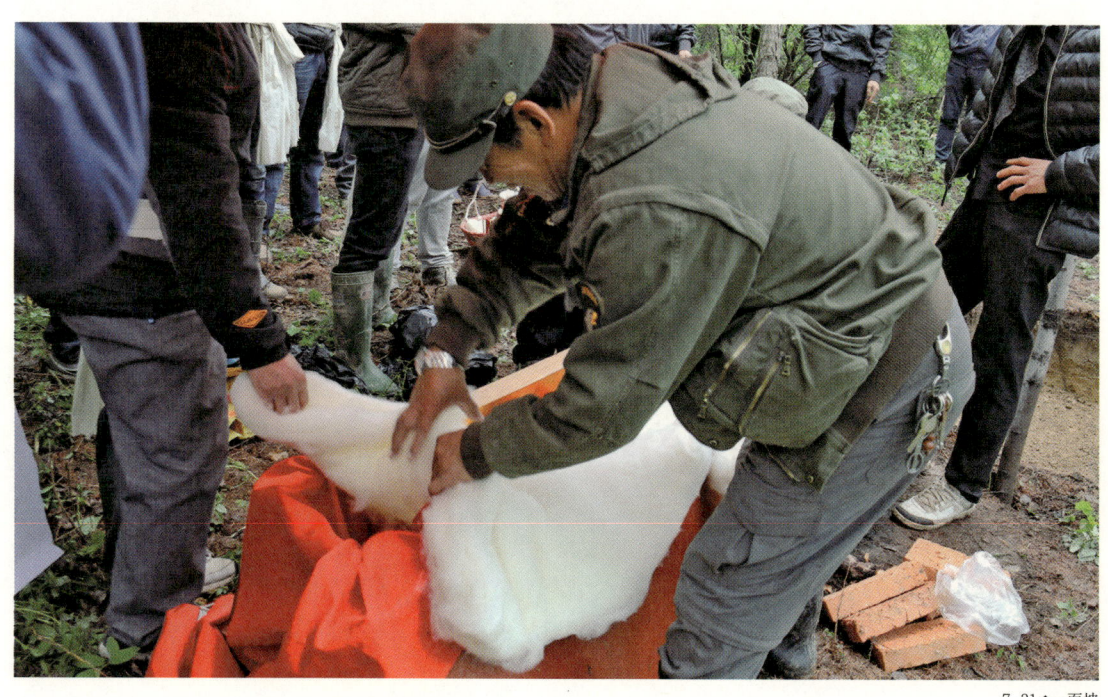

7-31 ◆一面坡

7-30 ◆ 一面坡

墓子 [mu⁵³tsɿ⁰]

墓穴，人去世后，请"阴阳仙儿"看墓地，看好了以后，先把墓穴挖好，然后下葬。

出灵 [tʂʰu⁴⁴liŋ²⁴]

把棺材由家里送到墓地安葬，人去世后，有的第二天出殡，有的第三天出殡，哪天出殡，一方面根据"阴阳仙儿"的意见，另一方面也尊重家属的要求。什么时辰起灵，什么时辰下葬，则听从"阴阳仙儿"的安排。过去出殡是靠人力抬的，从家抬到墓地，现在都用车拉。

7-28 ◆ 一面坡

7-33 ◆一面坡

下葬 [ɕia⁵³tsaŋ⁵³]

把棺材放到墓穴里。

上扣 [ʂaŋ⁵³kʰou⁵³]

人去世后，装在棺材里，棺材的盖并不钉死。在出殡前，有个"开光"[kʰai⁴⁴kuan⁴⁴]的仪式，即把棺材盖打开，"阴阳仙儿"口里诵念一些话语，意思是逝者的灵魂从此复活了。亲属也可以最后一次看到遗体，然后钉死棺材盖。推行火化前，这些仪式在家里进行，在斧子上缠上红布，把棺材盖钉死；推行火化后，在墓地进行，把骨灰装在棺材里，钉死棺盖。

7-32 ◆一面坡

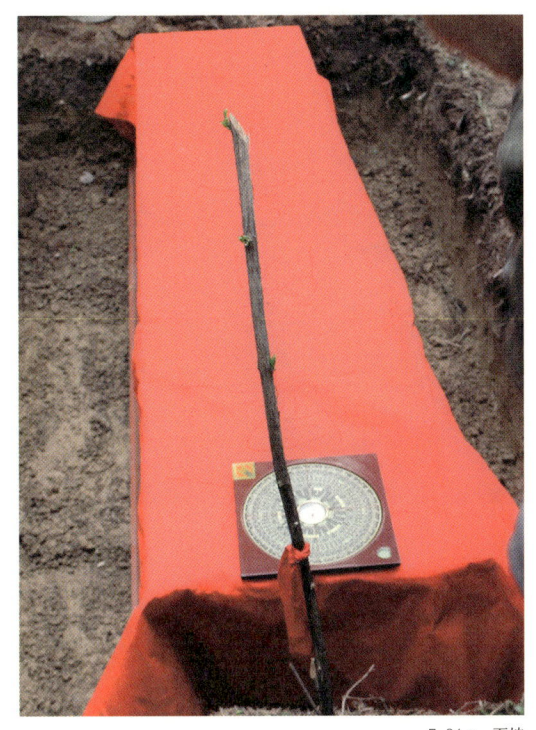

罗盘 [luo²⁴pʰan²⁴]

"阴阳仙儿"用来测墓地方位的工具。

7-34 ◆一面坡

埋葬 [mai²⁴tsaŋ⁵³]

棺材安放到墓穴里之后,要用土埋成坟。第一锹土由长子填,先填在头部所在方位,第二锹土填在脚所在方位,然后大家一起填土。

7-35 ◆一面坡

7-36 ◆ 一面坡

坟 [fən²⁴]

坟墓。刚下葬的新坟埋得较低,埋葬后第三天再次填土,把坟头埋高。

圆坟 [yan²⁴fən²⁴]

埋葬后的第三天,再次给坟填土,填到一定高度后,用三根高粱秆弯成拱形,架在坟上。中间一根最高,上面挂上用红布拴的铜钱。

7-37 ◆ 一面坡

7-38 ◆ 一面坡

烧七 [ʂau⁴⁴tɕʰi⁴⁴]

去世的第一个七天、第三个七天、第五个七天，都要上坟祭奠，叫"烧七"。然后"烧百天"[ʂau⁴⁴pai²¹tʰian⁴⁴] 去世百天上坟祭奠，"烧周年"[ʂau⁴⁴tʂou⁴⁴nian⁰] 去世一年上坟祭奠。去世后连续三年"烧周年"。每年清明、七月十五、过年都要上坟，家里有晚辈结婚也要上坟。死后三年内子女不穿大红大绿的衣服，过年家里不贴春联和福字。

坟茔地 [fən²⁴iŋ²⁴ti⁵³]

墓地。以前一般一个家族会有自己的墓地，同一家族的人去世后都埋在同一块墓地。

7-39 ◆ 一面坡

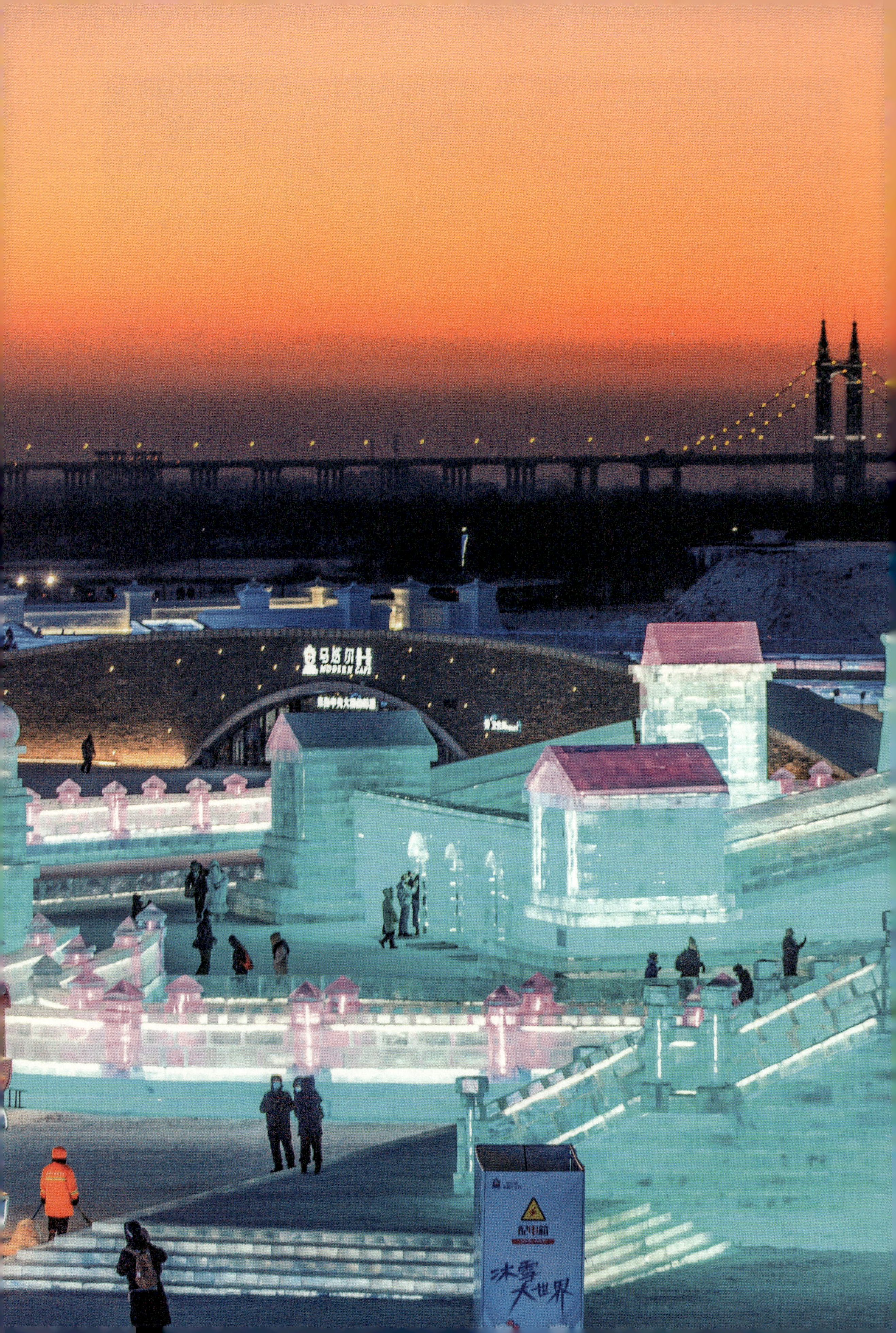
MODERN CAFE
冰雪大世界

捌·节日

在一年大大小小的各种节日中,哈尔滨有两个节日最重要,一个是春节,一个是端午节。

以前人们很重视过年,把好吃的东西留到过年吃,把新衣服、新鞋子留到过年穿。孩子们很盼望过年,男孩子最盼望的是放鞭炮,女孩子最盼望的是穿新衣。过年从腊月二十三的小年"拉开序幕",开始扫房,然后陆续准备年货,以前过年买年画、买彩纸、写对联、写"福"字、抠"挂钱儿"[kua⁵³tɕʰier⁰](见图 8-7)、买"冻梨"[tuŋ⁵³li²⁴](见图 8-21)、买"糖球儿"[tʰaŋ²⁴tɕʰiour²⁴](见图 8-20)、发面蒸馒头、把冻在外面的食品拿回屋里解冻,忙忙碌碌一直到除夕。从除夕到正月初五都叫过年,过了初五叫破五,意思是年过完了,恢复常态生活了。

在有生产队的年代,过年最热闹的事情是扭大秧歌,每个小队都要组织秧歌队,各队间还有秧歌比赛,一般扭到正月十五。正月十五还有个活动叫"撒灯"[sa²¹təŋ⁴⁴],把"谷糠"[ku²¹kʰaŋ⁴⁴]谷子脱下的壳拌上柴油,一小堆一小堆撒在地上,一直撒到院子外面,然后点燃。室内每个房间都要点灯。正月十五也要往坟地送灯。现在过年没有秧歌队了,正月十五也不"撒灯"了。

过年的时候需要看望长辈,走亲戚。整个正月里去别人家是不能空手去的,都要带点礼品。过去的礼品也都很简单,"槽子糕"[tsʰau²⁴tsʅ⁰kau⁴⁴](见图4-22)、罐头、白酒、白糖就是传统的"四盒礼儿"[sʅ⁵³xɤ²⁴lir²¹³],重要的亲戚要送"四盒礼儿",一般的亲戚送其中两样就可以了。

还有一个比较热闹的节日是端午节。端午节的传统习俗是"挂葫芦"[kua⁵³xu²⁴lu⁰](见图8-33)、"缠花线儿"[tʂʰan²⁴xua⁴⁴ɕier⁵³](见图8-38)、采艾蒿、戴香草荷包、吃鸡蛋等。现在过端午节受南方习俗影响,人们也包粽子。过端午节要踏青,踏青活动可谓场面壮观,农历五月初四的晚上一直到初五上午,江边水边到处是人,年轻人还在水边搭帐篷。路边摆满小摊,从节日用品到食品应有尽有。平时不大出门的病人,在这个节日家人也用轮椅把他们推出来,据说这一天出来踏青能除病消灾。

其他传统节日还有二月二、中秋节。立春、立秋、立冬等不算节日。清明和七月十五是上坟的日子。

一 春节

8-5 ◆临江

福字儿 [fu²¹tsər⁵³]

贴"福字儿"是过年的一项重要活动,以前过年时买彩纸,请会写毛笔字的人来写"福字儿"。"福字儿"有大大小小各种尺寸,院子门、房门上贴大的,室内墙上、水缸上、井架上、鸡窝上、猪圈上、厕所门上贴小的。现在过年几乎没有自己写"福字儿"的了,都买现成的。

年画儿 [ȵian²⁴xuar⁵³]

过农历年时张贴的表现欢乐吉祥气象的图画。早期的"年画儿"多是富有中国传统文化色彩的图案,如鲤鱼跳龙门、莲童戏鱼、牡丹、孔雀等,还有神话人物、历史人物,有新婚夫妻的家庭最喜欢贴娃娃画。

8-4 ◆临江

8-1 ◆ 道里

大块儿糖 [ta⁵³kʰuɚ⁵³tʰaŋ²⁴]

一种用大黄米、小米、大麦芽等熬制的糖，过小年的时候吃。传说是供奉灶王爷的，一种说法是因为它甜，灶王爷吃了嘴甜，上天后在玉皇大帝面前就会多说好话，少说坏话；另一种说法是"大块儿糖"入口后很黏，粘住灶王爷的嘴，灶王爷在玉皇大帝面前就没法说坏话了。

8-2 ◆ 道里

扫房 [sau²¹faŋ²⁴]

农历腊月二十三过小年这天，开始扫房。用笤帚把角角落落统统打扫一遍。之后还要擦玻璃、洗衣服、洗被子，等等，总之在过年之前要把家里收拾得干干净净。

糊墙 [xu²⁴tɕʰiaŋ²⁴]

用报纸等裱糊墙面，因为土墙又黑又脏，糊上一层报纸会使房间显得干净明亮。一直到20世纪80年代，过年的时候还有"糊墙"的，后来糊报纸被刷白灰取代。小的时候能看到的读物很少，过年买来"糊墙"的报纸都要读完了才能糊到墙上去。

8-3 ◆ 临江

哈尔滨 捌·节日

8-7◆临江

挂钱儿 [kua⁵³tɕʰier⁰]

一种民间剪纸，用彩纸剪成，图案多为古钱状，故称为"挂钱儿"。除古钱状之外，也会镂刻其他一些吉祥的图案和文字。过年时贴在门上、窗户上、墙上、鸡窝上、猪圈上，五彩缤纷，烘托出浓郁的节日气氛。"挂钱儿"常与福字、对联搭配着贴，象征着富有和吉祥。

对子 [tuei⁵³tsɿ⁰]

春联，过年时贴在院门上和房门上。

8-6◆临江

8-9 ◆一面坡

枣儿馒头 [tsaur²¹man²⁴tʰou⁰]

　　表面嵌有红枣的馒头。哈尔滨部分地区过年蒸"枣儿馒头",这个习俗与山东相似,大概是当年从山东来的移民带到哈尔滨的。

门神 [mən²⁴ʂən²⁴]

　　过年时贴在门上保卫家宅平安的神仙画像。

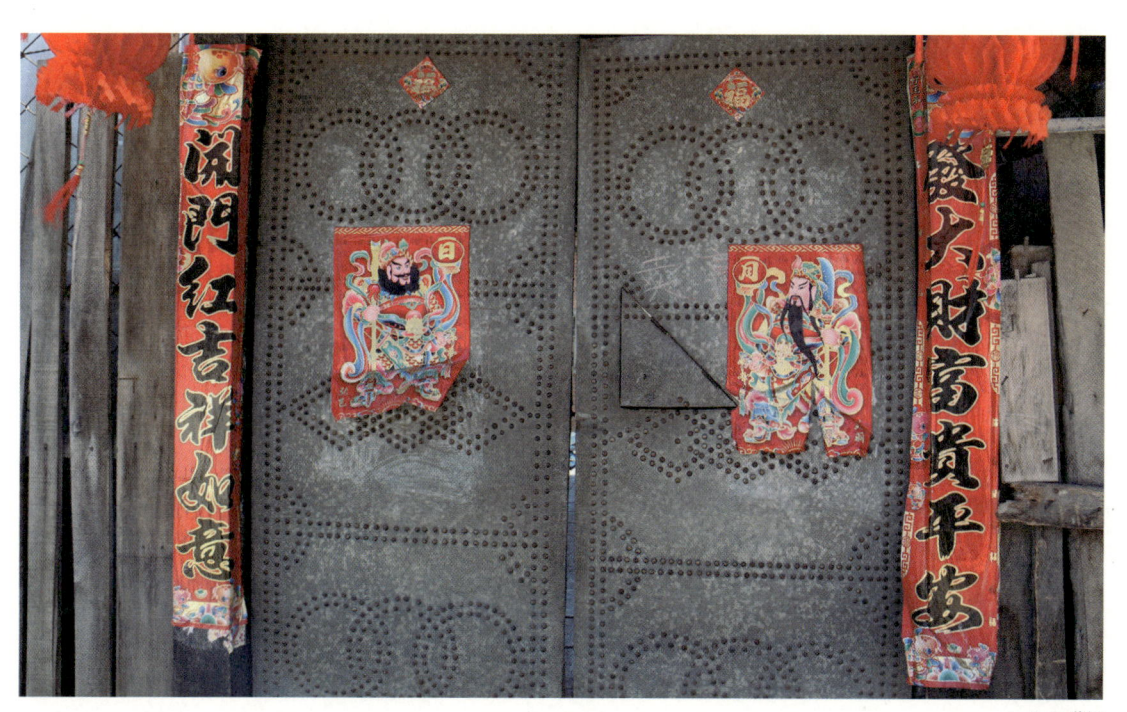

8-8 ◆临江

包饺子 [pau⁴⁴tɕiau²¹tsʅ⁰]

除夕夜家家都要包饺子,除夕夜包饺子有各种讲究:第一,包钱。除夕夜包饺子要在一个饺子里放一枚硬币,谁能吃到这枚硬币他就是新的一年里全家最有福的人,新的一年会有好运。第二,饺子的馅有讲究。一般不包牛羊肉馅的,不包酸菜馅的,要包芹菜馅的或白菜馅的。"芹"与"勤"同音,"白菜"与"百财"谐音。第三,饺子的个头有讲究。如果家里养母猪,饺子的个头要大一些,认为那样的话母猪生的小猪个头也会大。第四,看包完饺子剩面还是剩馅。如果剩馅,象征新的一年里有粮吃,如果剩面,象征新的一年里有衣服穿。第五,不能数饺子的数量,以免新的一年里"算计着过"。第六,除夕夜的饺子不能全吃光,要剩一些"压锅底儿",象征新的一年富裕有余。

淘米 [tʰau²⁴mi²¹³]

用大黄米、糯米等制作食品的整个过程称为"淘米",是过年的一件大事。把大黄米或者糯米泡一夜,捞在"席织篓儿"[ɕi²⁴tʂʅ⁴⁴lour²¹³]（见图 2-33）里控水,然后打成面,用来"撒年糕"[sa²¹ȵian²⁴kau⁴⁴]（见图 8-13）或蒸"黏豆包儿"[ȵian²⁴tou⁵³paur⁴⁴]（见图 8-18）。一般的家庭都要淘上百斤米。

8-12◆临江

冻饺子 [tuŋ⁵³tɕiau²¹tsʅ⁰]

过年吃饺子的习俗,全国很多地方都有,哈尔滨与其他地方不同的是,过年包"冻饺子",而且包的数量很多,一般要用一两百斤面粉。由于包的数量多,所以包"冻饺子"都是左邻右舍十几个人合伙包,包完了当晚大家还要煮饺子吃,男人会喝点酒,庆祝一下。包"冻饺子"一般在晚上,因为晚上温度低,冻起来容易。饺子一边包一边拿到室外冻,冻好了收起来装到大缸里。

8-11◆临江

8-14◆临江

揭年糕 [tɕie⁴⁴ȵian²⁴kau⁴⁴]

把蒸熟的年糕切成方块从锅里取出来。

撒年糕 [sa²¹ȵian²⁴kau⁴⁴]

大锅里烧水,上面铺帘子,水开后,把黄米面或糯米面一层一层撒在帘子上,撒一层面再撒一层煮熟的红芸豆。蒸熟后切成方块,拿到室外冻上,要吃的时候,解冻,切成一片一片的,放在帘子上蒸透即可。

8-13◆临江

8-16 ◆临江

8-15 ◆临江

豆馅儿 [tou⁵³ɕier⁵³]

红芸豆煮熟、捣烂后攥成的紧实的圆球。

大黄米年糕 [ta⁵³xuaŋ²⁴mi²¹ȵian²⁴kau⁴⁴]

用大黄米做的年糕。传统的年糕是用大黄米做的，整体呈金黄色，上面嵌有红色的芸豆，看起来非常喜庆。后来也有用糯米做的。口感黏而筋道，深受当地人喜爱。

包豆包儿 [pau⁴⁴tou⁵³paur⁴⁴]

黏米面发好后，取一小块，拍成圆饼，把攥好的"豆馅儿"包在里面。

8-17 ◆临江

8-22 ◆道里

炒瓜子儿 [tʂʰau²¹kua⁴⁴tsər²¹³]

"瓜子儿"指葵花籽,"炒瓜子儿"是除夕夜必有的一项活动,每次炒一大锅,连吃几天,正月里家里来客人,一定要拿出瓜子招待。

8-21 ◆道里

冻梨 [tuŋ⁵³li²⁴]

冰冻的梨。"冻梨"是以前除夕夜必吃的水果。以前农村水果较少,夏天、秋天只有当地产的西瓜、香瓜和沙果等,很难见到苹果、橘子等外地产的水果。只有过年的时候才有"冻梨"。"冻梨"放到凉水里"缓"[xuan⁴⁴]放在凉水里解冻好,吃起来口感冰凉,酸甜多汁,解腻又解困。

馃СВ儿 [kuo²¹tiɛr²⁴]

8-19◆临江

用面粉、白糖等炸成的一种食品，金黄、酥脆、香甜。以前只有过年和结婚办酒席的时候才炸"馃СВ儿"。

8-18◆临江

黏豆包儿 [ȵian²⁴tou⁵³pauɹ⁴⁴]

用大黄米、糯米等做皮，用红芸豆等做馅的食品，是过年必备食品，也是东北特色食物。传统的"黏豆包儿"用大黄米面兑玉米面做成，颜色金黄。现在多用糯米做，颜色雪白。

8-20◆道里

糖球儿 [tʰaŋ²⁴tɕʰiouɹ²⁴]

圆球形的水果糖。人们认为除夕夜吃糖下一年会嘴甜，会说话。以前糖果比较稀缺，种类也很少，以水果糖为主，圆形的叫"糖球儿"，没有包装纸，有多种颜色，花花绿绿的非常鲜艳。

上供 [ʂaŋ⁵³kuŋ⁵³]

老祖宗像下面摆一张桌子，上面摆蜡烛、香炉、供品，供品一般包括馒头、水果、一块方肉、炸鱼、炸粉条，并摆上筷子、碗等餐具。

8-24 ◆一面坡

发纸 [fa⁴⁴tʂʅ²¹³]

除夕夜最隆重的仪式，在院子里用豆秸、芝麻秸、玉米秸秆等点起一堆火，在火堆里烧纸，同时放鞭炮。"发纸"是给已故的亲人烧纸钱，同时祈求下一年平安发财，豆秸、芝麻秸、玉米秸秆等都取"节节登高"之意，祈祷生活一年比一年好。"发纸"时间应该在除夕夜接近12点时，但实际时间往往提前。发完了纸，标志着旧的一年过去了，新的一年开始了。

8-23 ●一面坡

老祖宗 [lau²⁴tsu²¹tsuŋ⁴⁴]

　　指祖先的彩色画像。上面的人物都穿着古代的服饰，最上面画着一对夫妇，下面画着家宅人物，画像的左右，画满了格子，按辈分排列出各辈人的位置，已故的祖先名字写在固定位置上，同辈人还在世的，位置空着。除夕那天，把"老祖宗"请出来，挂在墙上，下面摆供桌，桌上摆香烛供品，除夕夜家里人磕头祭拜。正月初二晚上收起来。现在，供"老祖宗"的人家并不多。

8-27 ◆一面坡

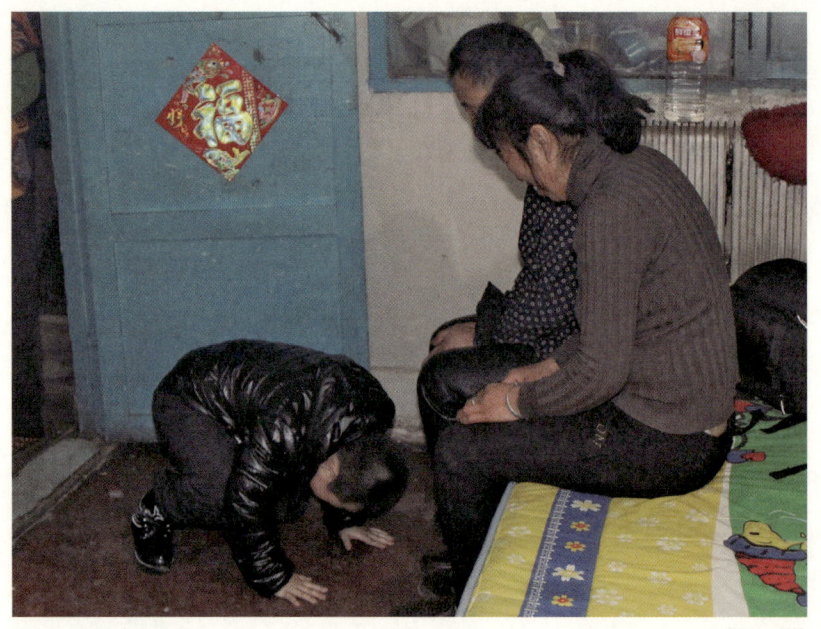

磕头 [kʰɤ⁴⁴tʰou²⁴]

除夕夜里,小辈给长辈磕头拜年,长辈给压岁钱。

拴腿儿 [ʂuan⁴⁴tʰuər²¹³]

该风俗源自女娲在正月初七创造了人类的传说,所以初七被认为是人类的生日,在东北演变为初七、十七、二十七,都叫"人七"[zən²⁴tɕʰi⁰],初七是属于小孩的,十七是属于中年人的,二十七是属于老年人的。这三天要吃面条,面条像长长的绳子,可以把人的腿拴住,无法被带离人间,寓指健康长寿。

8-28 ◆道里

8-26 ◆一面坡

放鞭炮 [faŋ⁵³piän⁴⁴pʰau⁵³]

　　过年的庆祝活动之一，鞭炮放得越响，预示来年日子越红火。从除夕到初五，每次吃饭前都要放一些鞭炮。集中放鞭炮是在除夕夜"发纸"（见图 8-25）的时候。现在为了环保，放得越来越少了。

二 清明节

8-30 ◆永胜

上坟 [ʂaŋ⁵³fən²⁴]

清明节要上坟，到坟前烧纸钱，先压上坟头纸，在坟周围画个圈，然后在圈里烧纸钱。

豆面卷儿 [tou⁵³mian⁵³tɕyɐr²¹³]

清明节吃的一种食物，用黄豆面和黏米面做成。黄豆炒熟打成面，用大黄米面或糯米面蒸"窝窝头儿"[uo⁴⁴uo⁰tʰour²⁴]（见图4-33），然后把"窝窝头儿"擀薄，把豆面卷在里面，切成小段。

8-31 ◆道里

压坟头纸 [ia⁴⁴fən²⁴tʰou²⁴tʂʅ²¹³]

上坟烧纸的时候先在坟头上压上黄纸，同一个墓地的一个家族的所有坟都要压，然后才能开始烧纸钱。

8-29 ◆永胜

三 端午节

8-33 ◆一面坡

8-32 ◆道里

葫芦 [xu²⁴lou⁰]

　　用彩纸制作的一种手工艺品。端午节时把葫芦连同艾蒿、青草等挂到大门、房门等高处。以前的葫芦都是自己叠的，现在都在市场上买。

8-36◆道里

香草荷包儿 [ɕiaŋ⁴⁴tsʰau²¹xɤ²⁴paur⁴⁴]

　　装有香草的荷包。过端午节的时候，人们缝荷包，里面装上香草，给孩子戴或挂在家里。现在自己缝的很少了，市场上有售。

8-35◆道里

吃鸡蛋 [tʂʰʅ⁴⁴tɕi⁴⁴tan⁵³]

　　端午节早晨起来一定要吃煮鸡蛋，煮鸡蛋时一般把艾蒿放在水里，煮出的鸡蛋有点像茶叶蛋的颜色。为了吃最新鲜的鸡蛋，从初一开始把每天新下的鸡蛋都抹上红色做标记。除了鸡蛋，鸭蛋、鹅蛋也都可以煮来吃。

艾蒿 [ai⁵³xau⁴⁴]

　　过端午节有采艾蒿的习俗。从农历五月初一开始，人们开始采艾蒿。采回的艾蒿有三个用处：一是和葫芦一起挂在门上；二是过节这天用艾蒿煮鸡蛋；三是过节这天用艾蒿泡的水洗脸，据说可防蚊虫叮咬。城里人如果不能采艾蒿，也可以到集市上买。

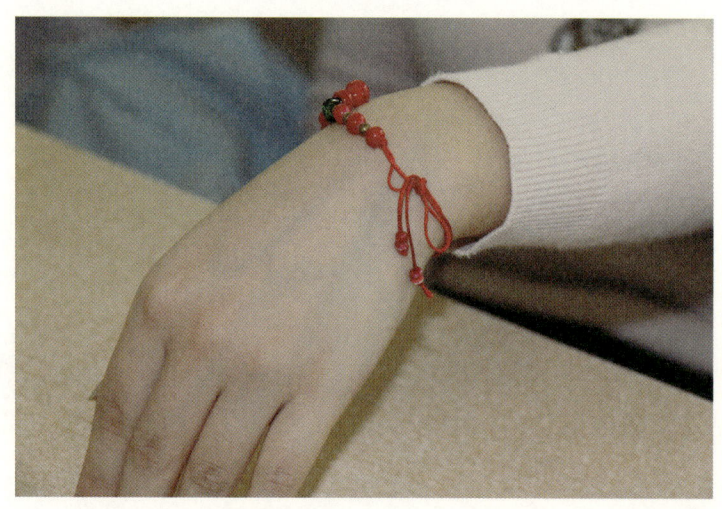

8-38◆道里

花线儿 [xua⁴⁴ɕier⁵³]

用五彩线编成的细线绳，有的五彩线上还穿上小葫芦、小珠子等饰物，过端午节时缠在手腕、脚腕等处。过完节后下第一场雨时，把"花线儿"剪下来扔在水坑里。

8-37◆道里

8-39 ◆道里

踏青儿 [tʰa⁵³tɕʰiɚr⁴⁴]

端午节时，不论农村还是城市，都有踏青的习俗。踏青活动从初四晚上开始，初五早上结束。几乎全员出动，到河边或者草地上去，用河水或露水洗脸，据说这样可以祛病消灾。

粽子 [tʂuŋ⁵³tsʅ⁰]

端午节吃粽子，粽子用糯米、大枣或蜜枣等包成。端午节吃粽子并非本地风俗，应该是受外地风俗影响的结果。

8-40 ◆一面坡

四 其他节日

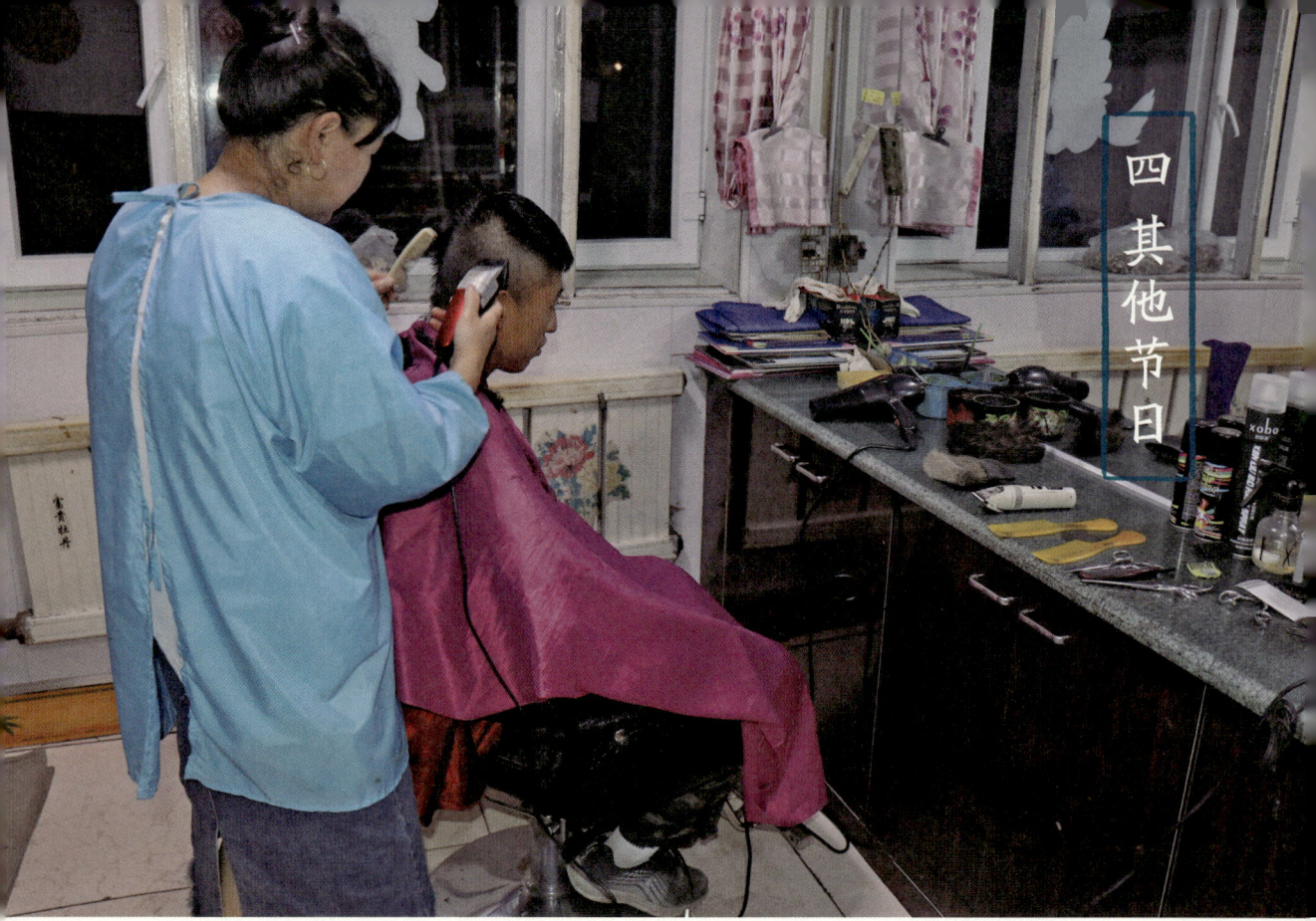

8-44◆道里

剃龙头 [tʰi⁵³luŋ²⁴tʰou²⁴]

二月初二理发叫"剃龙头"。正月里不剃头,在春节前一般人都要剃头,然后一个正月不剃,一直到二月二才剃头。

8-41◆道里

元宵 [yan²⁴ɕiau⁴⁴]

糯米粉、糖、芝麻等做成的球形食品,用油炸熟。

8-45◆道里

啃春 [kʰən²¹tʂʰuən⁴⁴]

立春这一天啃萝卜,叫"啃春"。据说这一天啃萝卜,一年不容易犯困,精神足。

8-42◆道里

月饼 [ye⁵³piŋ⁰]

中秋节应时的食品。哈尔滨的月饼以老鼎丰月饼为代表，有五仁、百果、青红丝、川酥、枣泥等多种口味。

燎猪头 [liau²¹tʂu⁴⁴tʰou²⁴]

猪头放在火上燎。农历二月初二，民间传说是龙抬头的日子，这一天要"燎猪头"，农村人家把冻在冰里的猪头刨出来，化冻，在院子里搭简易的灶，把猪头放在火上燎，燎完刮洗干净，放大锅里煮熟。城里也吃猪头肉，一般在熟食店买煮熟的。

8-46◆道里

腊八粥 [la⁵³pa⁴⁴tʂou⁴⁴]

用大黄米加红芸豆煮的一种粥，农历十二月初八吃这种粥。吃的时候常把一小块猪油埋在粥里，融化后油冒出来，看起来油汪汪的，吃着很香。

8-43◆道里

哈尔滨 捌·节日

279

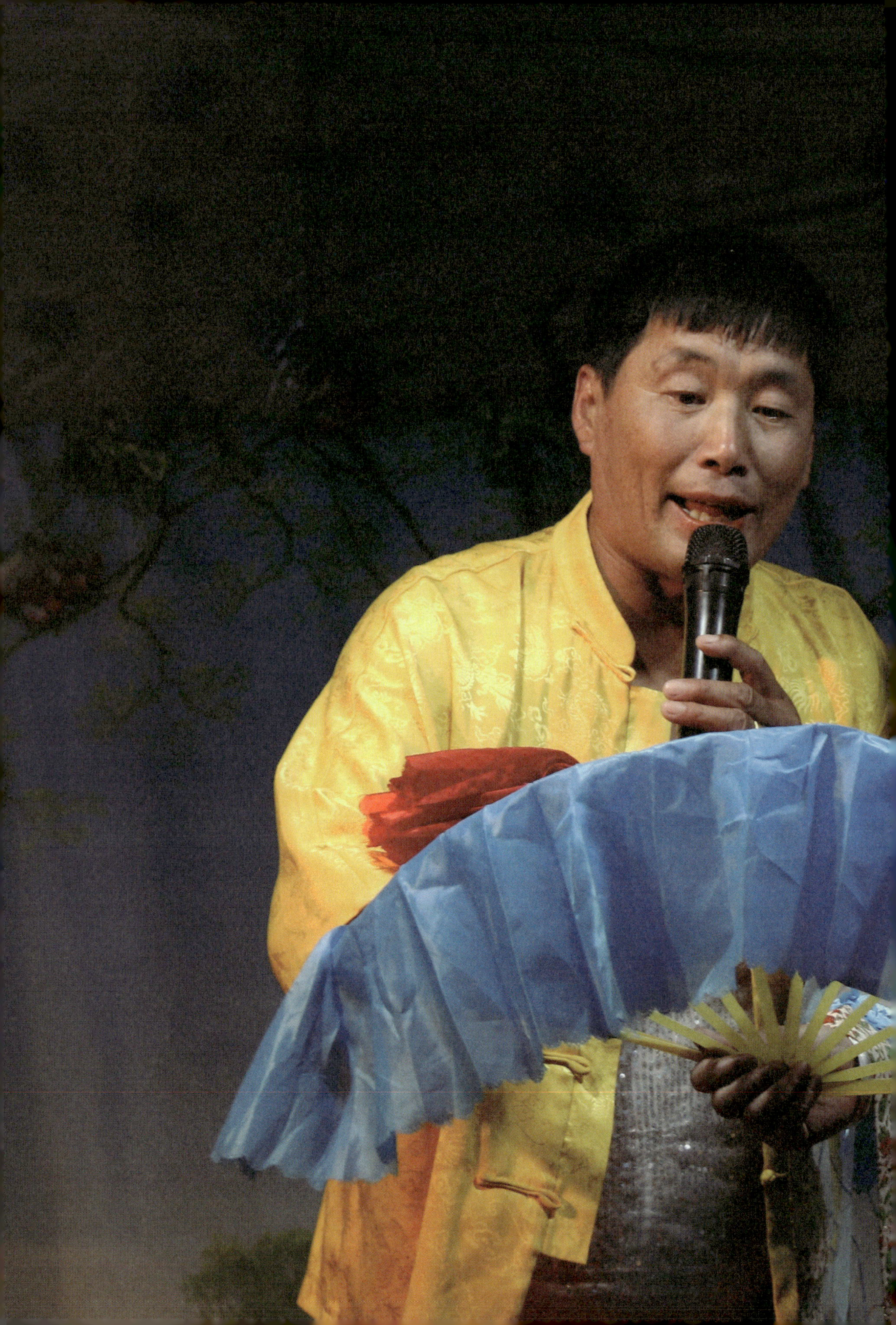

玖·说唱表演

哈尔滨方言里有着丰富多彩的口彩、禁忌语、俗语、谚语，流传着用本地方言讲述的民间故事，用本地方言表演的曲艺戏剧。这些具有浓郁地方特色和充满民间智慧的语言文学艺术现象，无疑是方言文化的重要内容。由于这些现象主要以语言为载体，世代口耳相传，难以像前面几章那样通过图片来展现，故将这些纯语言类的方言文化现象集中收录于此。

本章包括口彩禁忌、俗语谚语、歌谣、曲艺戏剧、故事五个部分。口彩即吉利话、吉祥语，讨口彩就是说吉利话。禁忌语是在某些场合需要避讳的语言文字成分，用于替代禁忌语的话语是婉辞。俗语、谚语往往源于人们对生产生活的认识和经验，这些复杂的认识和经验通过简洁的语言形式表现出来，并世代流传。歇后语、谜语则巧妙运用方言的语音、词汇等材料创作而成，具有浓郁的地域色彩。歌谣主要收录流传年

代较早的儿歌和童谣。哈尔滨具有地方特色的曲艺戏剧主要是二人转，二人转深受老年人喜爱，年轻人对二人转了解很少。现在二人转演出已经很少见了，会唱传统曲目的艺人也越来越少，主要是一些民间爱好者。本章收录了传统曲目《大西厢》里的一段《莺莺写书》。哈尔滨的民间故事有传统的神仙鬼怪故事，如琵琶精的故事，传承了几代，到我们的下一代，基本上传不下去了。本章也收录了与哈尔滨的历史密切相关的神话传说。

　　本章不收图片，体例上也与其他章节有所不同。其中俗语谚语、歌谣、曲艺戏剧、故事几部分大致按句分行，每句先写汉字，再标国际音标。每个故事在最后附普通话意译。讲述故事时，语流音变现象比较常见，本章完全依据讲述人的实际发音记录。

一口彩禁忌

双喜临门 [ʂuaŋ⁴⁴ɕi²¹lin²⁴mən²⁴]

结婚的时候在门上贴"囍"字，脸盆、手绢等其他结婚用品上也多带这样的图案。寓意两件喜事同时发生。

福倒了 [fu²¹tau⁵³lə⁰]

福字倒贴，与"福到了"谐音，寓意福气来临。

有斧 [iou²⁴fu²¹³]

结婚时新娘子下车抱着斧子，搬新家也要在锅里放一把斧子，"斧"与"福"谐音，寓意有福气。

步步登高 [pu⁵³pu⁵³təŋ⁴⁴kau⁴⁴]

新娘下车时，要脚踩高粱口袋，寓意"步步登高"。

发 [fa⁴⁴]

数字"8"与"发"谐音，因此人们都喜欢带"8"的数字。

碎碎平安 [suei⁵³suei⁵³pʰiŋ²⁴an⁴⁴]

过年的时候，如果打碎了器物，赶紧说"碎了好，碎了好，碎碎平安"。"碎碎平安"与"岁岁平安"同音。

年年有鱼 [ȵian²⁴ȵian²⁴iou²¹y²⁴]

过年的时候要吃鱼，要贴带大鱼的年画，"鱼"与"余"同音，寓意"年年有余"。

细水长流 [ɕi⁵³ʂuei²¹tʂʰaŋ²⁴liou²⁴]

过年炖鱼放粉条，粉条细细长长，寓意细水长流，财富源源不断。

压锅底儿 [ia⁴⁴kuo⁴⁴tiər²¹³]

年夜饭不能全部吃完，要剩下一点放在锅里，寓意新的一年有剩余。

一百岁 [i⁵³pai²¹suei⁵³]

小孩打喷嚏时大人会说"一百岁"，寓意长命百岁。还有句顺口溜"一百岁，二百两，打个嚏喷快快长" [i⁵³pai²¹suei⁵³, ɚ⁵³ pai²¹liaŋ²¹, ta²¹kɤ⁰pʰən⁴⁴tʰi⁵³kʰuai⁵³kʰuai⁵³tʂaŋ²¹]。

挂线 [kua⁵³ɕian⁵³]

过去小孩子第一次到亲戚家串门，亲戚要给孩子的脖子上挂一束线，还有顺口溜"头上戴，脚下抹，不活一百也活九十八" [tʰou²⁴ʂaŋ⁰tai⁵³, tɕiau²¹ɕia⁰ma⁴⁴, pu⁵³xuo²⁴i⁵³pai²¹ie³xuo²⁴tɕiou²¹ʂʅ²⁴pa⁴⁴]。

有喜 [iou²⁴ɕi²¹³]

婉指怀孕。

子孙饽饽 [tsʅ²¹suən⁴⁴pɤ⁴⁴pɤ⁰]

也叫"子孙饺子" [tsʅ²¹suən⁴⁴ tɕiau²¹tsʅ⁰]，结婚当晚，新郎要吃子孙饺子，饺子很小，碗里能装很多，煮半熟，吃的时候有人问"熟了吗？生不生？"新郎回答"生"，寓意婚后多生孩子。

捡 [tɕian²¹³]

婉指生了孩子。用于表达某个家庭生了孩子。

躺下了 [tʰaŋ²¹ɕia⁰lə⁰]

 婉指生了孩子。用于表达某位妇女生了孩子。

享不好了 [ɕiaŋ²¹pu⁵³xau²¹lə⁰]

 婉指生病。认为直接说"病"不吉利。

老人了 [lau²¹ʐən²⁴lə⁰]

 也叫"老了" [lau²¹lə⁰]，婉指老年人去世。

没了 [mei²⁴lə⁰]

 婉指去世。

寿材 [ʂou⁵³tsʰai²⁴]

 婉指棺材。

白事 [pai²⁴ʂʅ⁵³]

 婉指丧事。

下边 [ɕia⁵³pian⁰]

 婉指女阴。

来例假儿 [lai²⁴li⁵³tɕiar⁵³]

 婉指来月经。

解手儿 [tɕie²⁴ʂour²¹³]

 婉指小便。

二 俗语谚语

烟袋嘴儿，翡翠儿的。[ian⁴⁴tai⁵³tsuər²¹, fei²¹tsʰuər⁵³tə⁰]

烟袋杆儿，黑棍儿的。[ian⁴⁴tai⁵³kɐr²¹, xei⁴⁴kuər⁵³tə⁰]

檀香扇，带坠儿的。[tʰan²⁴ɕiaŋ⁴⁴ʂan⁵³, tai⁵³tsuər⁵³tə⁰]

绣花针，精细儿的。[ɕiou⁵³xua⁴⁴tʂən⁴⁴, tɕiŋ⁴⁴ɕiər⁵³tə⁰]

老官粉，香味儿的。[lau²¹kuan⁴⁴fən²¹, ɕiaŋ⁴⁴uər⁵³tə⁰] 官粉：化妆用的白色粉末

花旗袍，红底儿的。[xua⁴⁴tɕʰi²⁴pʰau²⁴, xuŋ²⁴tiər⁵³tə⁰]

绣花鞋，马蹄儿的。[ɕiou⁵³xua⁴⁴ɕie²⁴, ma²¹tʰiər⁵³tə⁰]

金簪子，带翅儿的。[tɕin⁴⁴tsan⁴⁴tsʅ⁰, tai⁵³tʂʰər⁵³tə⁰]

金镯子，拧劲儿的。[tɕin⁴⁴tʂuo²⁴tsʅ⁰, ɲiŋ²¹tɕiər⁵³tə⁰] 拧劲儿：用力拧物体使物体变成螺旋形，这里指螺旋形图案

金镏子，镶玉儿的。[tɕin⁴⁴liou⁴⁴tsʅ⁰, ɕiaŋ⁴⁴yər⁵³tə⁰] 金镏子：金戒指

金钳子，带穗儿的。[tɕin⁴⁴tɕʰian²⁴tsʅ⁰, tai⁵³suər⁵³tə⁰] 金钳子：长条形耳坠

    过去东北结婚时讨要彩礼的顺口溜，内容为讨要的衣物饰品和对衣物饰品的质地、颜色、样式等的具体要求。

立夏到小满，种啥也不晚。[li⁵³ɕia⁵³tau⁵³ɕiau²¹man²¹, tsuŋ⁵³ʂa²⁴ie²¹pu⁵³uan²¹]

    立夏到小满这段时间播种农作物还为时不晚。其实这是一句劝慰和鼓励的话。东北地区的春种一般从清明开始，到立夏时基本结束，立夏到小满这段时间已经错过了耕种的最佳时间，但有些可能需要进行补种，寓意虽然已经过了最佳时间，但积极补救也为时不晚。

头伏萝卜二伏菜，三伏种荞麦。[tʰou²⁴fu²⁴luo²⁴pə⁰ɚ⁵³fu²⁴tsʰai⁵³, san⁴⁴fu²⁴tsuŋ⁵³tɕʰiau²⁴mai⁵³]

    头伏适合种萝卜，二伏适合种菜，三伏适合种荞麦。

吃饭在牙口，种地在茬口。[tʂʰʅ⁴⁴fan⁵³tsai⁵³ia²⁴kʰou²¹, tsuŋ⁵³ti⁵³tsai⁵³tʂʰa²⁴kʰou²¹] 牙口：牙齿的咀嚼能力。茬口：指轮作作物的种类和轮作次序

八月葱，九月空。[pa²⁴ye⁵³tsʰuŋ⁴⁴, tɕiou²¹ye⁵³kʰuŋ⁴⁴]

  农历八月收葱正合适，如果不收，到了九月葱就空心了。

冻不死的白菜，干不死的葱。[tuŋ⁵³pu⁵³sʅ²¹tə⁰pai²⁴tsʰai⁵³, kan⁴⁴pu⁵³sʅ²¹tə⁰tsʰuŋ⁴⁴]

  白菜耐寒，葱耐旱。

早霞阴，晚霞晴。[tsau²¹ɕia²⁴in⁴⁴, uan²¹ɕia²⁴tɕʰiŋ²⁴]

  朝霞预示阴天，晚霞预示晴天。

早上浮云走，中午晒死狗。[tsau²¹ʂaŋ⁵³fu²⁴yn²⁴tsou²¹, tʂuŋ⁴⁴u²¹ʂai⁵³sʅ²¹kou²¹]

  早上天上有浮云，预示中午天气炎热。

日晕雨，月晕风。[zʅ⁵³yn⁵³y²¹, ye⁵³yn⁵³fəŋ⁴⁴]

  日晕预示下雨，月晕预示刮风。

天上钩钩云，地上雨淋淋。[tʰian⁴⁴ʂaŋ⁵³kou⁴⁴kou⁴⁴yn²⁴, ti⁵³ʂaŋ⁵³y²¹lin²⁴lin²⁴] 钩钩云：气象学上称为钩卷云，外形像逗号，云丝向上倾斜，顶端带有小钩或小团簇

  天上出现钩卷云预示将要下雨。

东虹云彩西虹雨。[tuŋ⁴⁴kaŋ⁵³yn²⁴tsʰai⁰ɕi⁴⁴kaŋ⁵³y²¹]

  彩虹出现在东边预示阴天，彩虹出现在西边预示有雨。

八月十五云遮月，正月十五雪打灯。[pa²⁴ye⁵³sʅ²¹u²¹yn²⁴tʂɤ⁴⁴ye⁵³, tʂəŋ⁴⁴ye⁵³sʅ²⁴u²¹ɕye²¹ta²¹təŋ⁴⁴]

  如果八月十五是阴雨天气，那么来年的正月十五会是下雪天气。

猪往前拱，鸡往后蹬。[tʂu⁴⁴uaŋ²¹tɕʰian²⁴kuŋ²¹，tɕi⁴⁴uaŋ²¹xou⁵³təŋ⁴⁴]

　　猪找食的方式是用嘴向前拱，鸡找食的方式是用爪向后扒，比喻各有各的长处，各有各的生存方法。

望山跑死马。[uaŋ⁵³ʂan⁴⁴pʰau²¹sɿ²¹ma²¹]

　　明明看到了山，看着离得很近，实际上还有很长的路。比喻看起来目标好像很近，很容易达到，但真正实现目标还有很多困难。

噘嘴骡子卖个驴价钱。[tɕye⁴⁴tsuei²¹luo²⁴tsɿ⁰mai⁵³kə⁰ly²⁴tɕia⁵³tɕʰian⁰] 噘嘴骡子：一种牙床是黑色的骡子

　　骡子本来比驴贵，但因牙床呈黑色这一缺陷而比驴的价格低，比喻吃亏吃在了嘴上。

长木匠，短铁匠。[tsʰaŋ²⁴mu⁵³tɕiaŋ⁰，tuan²⁴tʰie²¹tɕiaŋ⁰]

　　做木匠活时下料宜长不宜短，做铁匠活时下料宜少不宜多。

齐不齐，一把泥。[tɕʰi²⁴pu⁰tɕʰi²⁴，i⁵³pa²¹ȵi²⁴]

　　墙看起来是否平整，在于最后抹泥抹得好不好。比喻用华丽的外表掩盖内部的丑陋。

来猫走狗，越过越有。[lai²⁴mau⁴⁴tsou²¹kou²¹，ye⁵³kuo⁵³ye⁵³iou²¹]

　　家里有猫来，有狗离开，都是发财的征兆。

破车好揽载。[pʰɤ⁵³tsʰɤ⁴⁴xau⁵³lan²¹tsai⁵³]

　　本来没有多大本事却好管闲事。

穿衣戴帽儿，各好一套。[tsʰuan⁴⁴i⁴⁴tai⁵³maur⁵³，kɤ⁵³xau⁵³i²⁴tʰau⁵³]

　　各有各的爱好。

一个小猫儿俩脑袋——二虎 [i²⁴kɤ⁵³ɕiau²¹maur⁴⁴lia²¹nau²¹tai⁰— ɚ⁵³xu²¹] 二虎：傻。哈尔滨方言中，"虎""二虎"都是傻的意思

因猫和虎长得像，两个猫头，就像两只虎。

三九天穿布拉吉儿——抖起来了 [san⁴⁴tɕiou²¹tʰian⁴⁴tʂʅ⁴⁴tʂʰuan⁴⁴pu²¹la²⁴tɕiɚ⁰— tou²⁴tɕʰi²¹lai²⁴lə⁰] 布拉吉儿：连衣裙。抖起来：人的境况变好

三九天非常寒冷，穿连衣裙会冻得身体发抖，字面义是身体抖起来，实际上"抖起来"这个词在哈尔滨方言里的意思是形容人境况变好，变发达，言之有羡慕、嫉妒之意。

小虾吃大鱼——量呛 [ɕiau²¹ɕia⁴⁴tʂʅ⁴⁴ta⁵³y²⁴— liaŋ⁵³tɕʰiaŋ⁵³] 量呛：难以完成

哈尔滨方言中，"量"表示很难完成某事，"呛"的意义是吃，"量呛"一词字面义是很难吃下，实际指难以完成。

大伯子背兄弟媳妇——费力不讨好儿 [ta⁵³pai⁴⁴tsʅ⁰pei⁴⁴ɕyŋ⁴⁴ti⁰ɕi²¹fən⁰— fei⁵³li⁵³pu⁵³tʰau⁰xaur²¹]

过去东北民俗，兄弟媳妇回避大伯子，二者不能有肢体接触，甚至不能靠近，也不能随意说笑等。大伯子背兄弟媳妇，一方面耗费了体力，另一方面二者有身体接触，有悖民俗伦理。

大鼻子他爹——老鼻子了 [ta⁵³pi²⁴tsʅ⁰tʰa⁴⁴tie⁴⁴— lau²¹pi²⁴tsʅ⁰lə⁰] 老鼻子：非常多

形容非常多。

红公鸡，[xuŋ²⁴kuŋ⁴⁴tɕi⁴⁴]

绿尾巴，[ly⁵³i²¹pa⁰]

一头扎到地底下。——胡萝卜 [i⁵³tʰou²⁴tʂa⁴⁴tau⁵³ti⁵³ti²¹ɕia⁰— xu²⁴luo⁰pei⁵³]

南边过来一群鹅，[nan²⁴pian⁴⁴kuo⁵³lai⁰i⁵³tɕʰyn²⁴ɤ²⁴]

踢哩突噜就下河。——饺子 [tʰi⁴⁴li⁰tʰu⁴⁴lu⁴⁴tɕiou⁵³ɕia⁵³xɤ²⁴— tɕiau²¹tsʅ⁰] 踢哩突噜：拟声词，原指快速吃面等发出的声音，后引申出动作快且衔接紧凑等义

麻屋子，[ma²⁴u⁴⁴tsʅ⁰]

红帐子，[xuŋ²⁴tʂaŋ⁵³tsʅ⁰]

里边住个白胖子。——花生 [li²¹piɐ⁴⁴tʂu⁵³kə⁰pai²⁴pʰaŋ⁵³tsʅ⁰— xua⁴⁴ʂəŋ⁴⁴]

南边儿过来个跩嗒跩，[nan²⁴piɐr⁴⁴kuo⁵³lai⁰kɤ⁰tʂuai²¹ta⁰tʂuai²¹] 跩嗒跩：鸭子走路的样子

不脱裤子就下海。——鸭子 [pu⁵³tʰuo⁴⁴kʰu⁵³tsʅ⁰tɕiou⁵³ɕia⁵³xai²¹— ia⁴⁴tsʅ⁰]

黑瞎子叫门——熊到家了 [xei⁴⁴ɕia⁴⁴tsʅ⁰tɕiau⁵³mən²⁴— ɕyŋ²⁴tau⁵³tɕia⁴⁴lə⁰] 黑瞎子：熊
　　非常软弱好欺负。

扶墙走，[fu²⁴tɕʰiaŋ²⁴tsou²¹]

扶墙站，[fu²⁴tɕʰiaŋ²⁴tʂan⁵³]

光穿衣服不吃饭。——画儿 [kuaŋ²¹tʂʰuan⁴⁴i⁴⁴fu⁰pu⁵³tʂʰʅ⁴⁴fan⁵³— xuar⁵³]

你说画儿就是画儿，[ȵi²¹ʂuo⁴⁴xuar⁵³tɕiou⁵³ʂʅ⁵³xuar⁵³]

里长骨头外长把儿。——葫芦儿 [li²¹tʂaŋ²¹ku²¹tʰou⁰uai⁵³tʂaŋ²¹par⁵³— xu²⁴lur⁰]

　　这是一个连环谜语。

不大不大，[pu²⁴ta⁵³pu²⁴ta⁵³]

浑身净把儿。——老苍子 [xuən²⁴ʂən⁴⁴tɕiŋ⁵³par⁵³— lau²¹tsʰaŋ²¹tsʅ⁰] 老苍子：苍耳

不点儿不点儿，[pu⁵³tiɐr²¹pu⁵³tiɐr²¹]

浑身净眼儿。——顶针儿 [xuən²⁴ʂən⁴⁴tɕiŋ⁵³iɐr²¹— tiŋ²¹tʂər⁴⁴]

　　这是一组谜面格式相同的谜语，说的时候一起说。

三 歌谣

天打雷，地下雨，[tʰian⁴⁴ta²¹lei²⁴，ti⁵³ɕia⁵³y²¹]

腰家姑娘过大礼。[iau⁴⁴tɕia⁰ku⁴⁴n̠iaŋ⁰kuo⁵³ta⁵³li²¹]腰：姓氏之一

十几啦，十八啦。[ʂʅ²⁴tɕi²¹la⁰，ʂʅ²⁴pa⁴⁴la⁰]

给谁啦，给了当屯儿老李家。[kei²¹ʂei²⁴la⁰，kei²¹lə⁰taŋ⁴⁴tʰuər²⁴lau²¹li²¹tɕia⁰]给：嫁。当屯儿：同村

大车小车来啦。[ta⁵³tʂʰɤ⁴⁴ɕiau²¹tʂʰɤ⁴⁴lai²⁴la⁰]

开开箱儿，十八双，[kʰai⁴⁴kʰai⁴⁴ɕiãr⁴⁴，ʂʅ²⁴pa⁴⁴ʂuaŋ⁴⁴]

开开柜儿，十八对儿，[kʰai⁴⁴kʰai⁴⁴kuər⁵³，ʂʅ²⁴pa⁴⁴tuər⁵³]

开开匣儿，[kʰai⁴⁴kʰai⁴⁴ɕiar²⁴]

还有十八个大锥荏儿。[xai²⁴iou²¹ʂʅ²⁴pa⁴⁴kə⁰ta⁵³tʂuei⁴⁴tʂʰar²⁴]大锥荏儿：大针。一般用来缭鞋

　　歌谣，姑娘出嫁时说。

花喜鹊，尾巴长，[xua⁴⁴ɕi²¹tɕʰye⁰，i²¹pa⁰tʂʰaŋ²⁴]

娶了媳妇儿忘了娘。[tɕʰy²¹lə⁰ɕi²¹fər⁰uaŋ⁵³lə⁰n̠iaŋ²⁴]

烙油饼，搁白糖，[lau⁵³iou²⁴piŋ²¹，kɤ⁴⁴pai⁰tʰaŋ²⁴]搁：放

媳妇儿媳妇儿你先尝。[ɕi²¹fər⁰ɕi²¹fər⁰n̠i²¹ɕian⁴⁴tʂʰaŋ²⁴]

　　歌谣，讽刺男子娶了媳妇忘了娘。

老鸹老鸹你打场，[lau²¹kua⁰lau²¹kua⁰n̠i²⁴ta²¹tʂʰaŋ²⁴]老鸹：乌鸦。打场：麦子、高粱、豆子等农作物收割后在场上脱粒

上秋给你二斗粮。[ʂaŋ⁵³tɕʰiou⁴⁴kei²⁴n̠i²¹ɚ⁵³tou²¹liaŋ²⁴]上秋：到秋天

扛不动，往家送，[kʰaŋ²⁴pu²⁴tuŋ⁵³，uaŋ²¹tɕia⁴⁴suŋ⁵³]

送到家，给你娘。[suŋ⁵³tau⁵³tɕia⁴⁴，kei²⁴n̠i²¹n̠iaŋ²⁴]

　　童谣，看见乌鸦时说。

疤瘌眼，去赶集，[pa²⁴la⁰ian²¹，tɕʰy⁵³kan²¹tɕi²⁴]疤瘌眼：眼皮上有疤的人

拿个萝卜当酸梨，[na²⁴kə⁰luo²⁴pə⁰taŋ⁴⁴suan⁴⁴li²⁴]

吃一口齁辣的，[tʂʰʅ⁴⁴i⁵³kʰou²¹xou²⁴la⁵³ti⁰] 齁：程度副词，非常

扒拉扒拉挑大的。[pa⁴⁴la⁰pa⁴⁴la⁰tʰiau⁴⁴ta⁵³ti⁰] 扒拉：拨动

    童谣，跳皮筋时说。

老鹞鹰，咕咕飞，[lau²¹iau⁵³iŋ⁴⁴，ku⁴⁴ku⁴⁴fei⁴⁴] 老鹞鹰：老鹰

飞到东，飞到西，[fei⁴⁴tau⁵³tuŋ⁴⁴，fei⁴⁴tau⁵³ɕi⁴⁴]

飞得高，飞得低，[fei⁴⁴tə⁰kau⁴⁴，fei⁴⁴tə⁰ti⁴⁴]

快快飞到你窝里。[kʰuai⁵³kʰuai⁵³fei⁴⁴tau⁵³ɲi²¹uo⁴⁴li²¹]

    童谣，看到老鹰时说。

杨树叶儿，哗啦啦，[iaŋ²⁴ʂu⁵³iɚ⁵³，xua⁴⁴la⁴⁴la⁴⁴]

小孩儿睡觉喊妈妈。[ɕiau²¹xɚ²⁴ʂuei⁵³tɕiau⁵³xan²¹ma⁴⁴ma⁰]

拍拍宝宝你睡吧，[pʰai⁴⁴pʰai⁴⁴pau²¹pau⁰ɲi²¹ʂuei⁵³pa⁰]

马猴儿来了妈打他。[ma²¹xour²⁴lai²⁴lə⁰ma⁴⁴ta²¹tʰa⁰] 马猴儿：当地认为是一种怪兽，专吃小孩的心，可用来吓唬小孩

    摇篮曲，哄孩子睡觉时说。

小孩儿小孩儿你别哭，[ɕiau²¹xɚ²⁴ɕiau²¹xɚ²⁴ɲi²¹pie²⁴kʰu⁴⁴]

过了腊八儿就杀猪。[kuo⁵³lə⁰la⁵³par⁴⁴tɕiou⁵³ʂa⁴⁴tʂu⁴⁴]

小孩儿小孩儿你别馋，[ɕiau²¹xɚ²⁴ɕiau²¹xɚ²⁴ɲi²¹pie²⁴tʂʰan²⁴]

过了腊八儿就是年。[kuo⁵³lə⁰la⁵³par⁴⁴tɕiou⁵³ʂʅ⁵³ɲian²⁴]

    童谣，哄小孩时说。

四 曲艺戏剧

莺莺写书

叫红娘看过来呀，[tɕiau⁵³xuŋ²⁴n̪iaŋ²⁴kan⁵³kuo⁵³lai²⁴ia⁰]

文房四宝哇啊哎哎呀，[uən²⁴faŋ⁴⁴sʅ⁵³pau²¹ua⁰a⁰ai⁰ai⁰ia⁰]

小红娘文房四宝放之在，[ɕiau²¹xuŋ²⁴n̪iaŋ²⁴uən²⁴faŋ⁴⁴sʅ⁵³pau²¹faŋ⁵³tsʅ⁴⁴tsai²¹]

桌上啊哎嗨呀。[tsuo²¹ʂaŋ⁴⁴a⁰ai⁰xai⁰ia⁰]

砚瓦盒倒出来呀，[ian⁵³ua²¹xɤ²⁴tau⁵³tʂʰu⁴⁴lai²⁴ia⁰] 砚瓦：砚的别称，砚瓦盒，装砚的盒子

三江之水，[san⁴⁴tɕiaŋ⁴⁴tsʅ⁴⁴suei²¹]

推开了北之北海，[tʰuei⁴⁴kʰai⁴⁴liau²¹pei²¹tsʅ⁴⁴pei²¹xai²¹]

墨兑儿五江啊，[mi⁵³tər⁵³u²¹tɕiaŋ⁴⁴ŋa⁰]

将墨我们研濡浓啊，[tɕiaŋ²¹mi⁵³uo²¹mən⁰ian²⁴zu⁵³nuŋ²⁴ŋa⁰]

将笔膏饱，[tɕiaŋ²¹pi²¹kau⁵³pau²¹] 膏：把毛笔蘸上墨后在砚台边上抿

崔莺莺我一溜栽花写在，[tsʰuei⁴⁴iŋ⁴⁴iŋ⁴⁴uo²¹i²⁴liou⁵³tsai⁴⁴xua⁴⁴ɕie²¹tsai⁵³]

纸上啊哎嗨呀。[tsʅ²¹ʂaŋ⁵³ŋa⁰ai⁰xai⁰ia⁰]

崔莺莺我未曾提笔呀，[tsʰuei⁴⁴iŋ⁴⁴iŋ⁴⁴uo²¹uei⁵³tsʰəŋ²⁴tʰi²⁴pi²¹ia⁰]

眼含痛泪呀，[ian²¹xan²⁴tʰuŋ⁵³lei⁵³ia⁰]

泪珠儿点点滴滴，[lei⁵³tʂur⁴⁴ɚ²⁴tian²⁴tian²¹ti⁴⁴ti⁴⁴]

湿透了纸张啊，[ʂʅ²¹tʰou⁵³liau²¹tsʅ²¹tʂaŋ⁴⁴ŋa⁰]

上写着张先生啊阁下应旺啊，[ʂaŋ⁵³ɕie²¹tsau⁴⁴tʂaŋ⁴⁴ɕian⁴⁴ʂəŋ⁴⁴kɤ²¹ɕia⁵³iŋ⁴⁴uaŋ⁵³ŋa⁰]

敬启者分别后哇，[tɕiŋ⁵³tɕʰi²¹tʂɤ²¹fən⁴⁴pie²⁴xou⁵³ua⁰]

各居远方啊，[kɤ⁵³tɕy⁵³yan²¹faŋ⁴⁴ŋa⁰]

有数日没见着面儿呀，[iou²¹ʂu⁵³ʐʅ⁵³mei²⁴tɕian⁵³tʂau²⁴miɚ⁵³ia⁰]

贼啦啦地想啊，[tsei²⁴la⁴⁴la⁴⁴ti⁰ɕiaŋ²¹ŋa⁰] 贼啦啦：非常，十分

如织女隔着那天河盼想，[ʐu²⁴tʂʅ⁴⁴n̠y²¹kɤ⁵³tʂə⁰na⁵³tʰian⁴⁴xɤ²⁴pʰan⁵³ɕiaŋ²¹]

牛郎啊哎嗨呀。[n̠iou²⁴laŋ²⁴ ŋa⁰ai⁰xai⁰ia⁰]

今去书为的是当初以往啊，[tɕin⁴⁴tɕʰy⁵³ʂu⁴⁴uei⁵³ti⁵³ʂʅ⁵³taŋ⁴⁴tʂʰu⁴⁴i²¹uaŋ²¹ŋa⁰]

成在天谋在人巧配鸳鸯啊，[tʂʰəŋ²⁴tsai⁵³tʰian⁴⁴mou²⁴tsai⁵³zən²⁴tɕʰiau²¹pʰei⁵³yan⁴⁴iaŋ²⁴ŋa⁰]

普救寺见一面，[pʰu²¹tɕiou²¹sʅ⁵³tɕian⁵³i²⁴mian⁵³]

不知我姓赵钱孙李呀，[pu⁵³tʂʅ⁴⁴uo²¹ɕiŋ⁵³tʂau⁵³tɕʰian²⁴suən⁴⁴li²¹ia⁰]

小哥哥也不知我姓啊，[ɕiau²¹kɤ⁴⁴kɤ⁰ie²¹pu⁵³tʂʅ⁴⁴uo²¹ɕiŋ⁰ŋa⁰]

周吴郑王啊哎嗨呀，[tʂou²¹u²⁴tʂəŋ⁵³uaŋ²⁴ŋa⁰ ai⁰xai⁰ia⁰]

老夫人写告白朱秦尤许呀，[lau²¹fu⁴⁴zən²⁴ɕie²¹kau⁵³pai²⁴tʂu⁴⁴tɕʰin²⁴iou²⁴ɕy²¹ia⁰]

张先生揭告白何吕施张啊，[tʂaŋ⁴⁴ɕian⁴⁴ʂəŋ⁰tɕie⁴⁴kau⁵³pai²⁴xɤ²⁴ly²¹sʅ⁴⁴tʂaŋ⁴⁴ŋa⁰]

进府来说上几句孔曹严华，[tɕin⁵³fu²¹lai²⁴ʂuo⁴⁴ʂaŋ⁵³tɕi²¹tɕy⁵³kʰuŋ²¹tʂʰau²⁴ian²⁴xua⁵³]

小丫鬟去打茶，[ɕiau²¹ia⁴⁴xuan²⁴tɕʰy⁵³ta²¹tʂʰa²⁴]

金魏陶姜哎嗨呀。[tɕin⁴⁴uei²¹tʰau²⁴tɕiaŋ⁴⁴ai⁰xai⁰ia⁰]

进府来说上几句呀孔曹严华啊，[tɕin⁵³fu²¹lai²⁴ʂuo⁴⁴ʂaŋ⁵³tɕi²¹tɕy⁵³ ia⁴⁴kʰuŋ²¹tʂʰau²⁴ian²⁴xua⁵³a⁰]

小丫鬟去打茶哎金魏陶姜啊，[ɕiau²¹ia⁴⁴xuan²⁴tɕʰy⁵³ta²¹tʂʰa²⁴ai⁴⁴tɕin⁴⁴uei²¹tʰau²⁴tɕiaŋ⁴⁴ŋa⁰]

咱二人坐之在戚谢邹喻，[tsan²⁴ɚ⁵³zən²⁴tsuo⁵³tʂʅ⁴⁴tsai⁵³tɕʰi⁴⁴ɕie⁵³tsou²¹y²¹]

我盼你盼的奚范彭郎，[uo²¹pʰan⁵³n̠i²¹pʰan⁵³tə⁰ɕi²⁴fan⁵³pʰəŋ²⁴laŋ²⁴]

小丫鬟去报信儿哎鲁韦昌马，[ɕiau²¹ia⁴⁴xuan²⁴tɕʰy⁵³pau⁵³ɕiɚ⁵³ai⁰lu²¹uei²¹tsʰaŋ⁴⁴ma²¹]

这女孩儿写书信苗凤花方啊。[tʂɤ⁵³n̠y²¹xaɚ²¹ɕie²¹ʂu⁴⁴ɕin⁵³miau²⁴fəŋ⁵³xua⁴⁴faŋ⁴⁴ŋa⁰]

东北二人转经典曲目《大西厢》里的唱段《莺莺写书》，内容大意是崔莺莺写书信给张君瑞，回忆了二人花园相会的往事，表达了相思与幽怨之情。

五 故事

牛郎和织女 [ɲiou²⁴laŋ²⁴xɤ²⁴tʂʅ⁴⁴ny²¹]

古时候有一个小伙子，[ku²¹ʂʅ²⁴xou⁵³iou²¹i²⁴kɤ⁵³ɕiau²⁴xuo²¹tsʅ⁰]

父母都去世了，[fu⁵³mu²¹tou²⁴tɕʰy⁵³ʂʅ⁵³lə⁰]

家里只有一头老牛，[tɕia⁴⁴li²¹tʂʅ²⁴iou²¹i⁵³tʰou²⁴lau²¹ɲiou²⁴]

所以人们管他叫牛郎。[suo²⁴i²¹zən²⁴mən²⁴kuan²¹tʰa⁴⁴tɕiau⁵³ɲiou²⁴laŋ²⁴]

牛郎以老牛耕田为生，[ɲiou²⁴laŋ²⁴i²¹lau²¹ɲiou²⁴kəŋ⁴⁴tʰian²⁴uei²⁴ʂəŋ⁴⁴]

与老牛相依为命。[y²⁴lau²¹ɲiou²⁴ɕiaŋ⁴⁴i⁴⁴uei²⁴miŋ⁵³]

其实老牛是天上的金牛星，[tɕʰi⁴⁴ʂʅ²⁴lau²¹ɲiou²⁴ʂʅ⁵³tʰian⁴⁴ʂaŋ⁵³tə⁰tɕin⁴⁴ɲiou²⁴ɕiŋ⁴⁴]

老牛喜欢牛郎的淳朴善良，[lau²¹ɲiou²⁴ɕi²¹xuan⁴⁴ɲiou²⁴laŋ²⁴tə⁰tʂʰuən²⁴pʰu²¹ʂan⁵³liaŋ²⁴]

很想帮他成个家。[xən²⁴ɕiaŋ²¹paŋ⁴⁴tʰa⁴⁴tʂʰəŋ²⁴kə⁰tɕia⁴⁴]

有一天，[iou²¹i⁵³tʰian⁴⁴]

金牛星得知天上的仙女，[tɕin⁴⁴ɲiou²⁴ɕiŋ⁴⁴tɤ²⁴tʂʅ⁴⁴tʰian⁴⁴ʂaŋ⁵³tə⁰ɕian⁴⁴ny²¹]

要下凡洗澡，[iau⁵³ɕia⁵³fan²⁴ɕi²⁴tsau²¹]

他就托梦给牛郎，[tʰa⁴⁴tɕiu⁵³tʰuo⁴⁴məŋ⁵³kei²¹ɲiou²⁴laŋ²⁴]

告诉牛郎，[kau⁵³su⁵³ɲiou²⁴laŋ²⁴]

第二天早晨，[ti⁵³ɚ⁵³tʰian⁴⁴tsau²¹tʂʰən⁰]

去村东边儿的湖里，[tɕʰy⁵³tsʰuən⁴⁴tuŋ⁴⁴piɐr⁴⁴tə⁰xu²⁴li²¹]

拿走仙女的一件衣服，[na²⁴tsou²¹ɕian⁴⁴ny²¹tə⁰i²⁴tɕiɐ⁵³i⁴⁴fu⁰]

然后飞快地回家，[zan²⁴xou⁵³fei⁴⁴kʰuai⁵³tə⁰xuei²⁴tɕia⁴⁴]

这样，这个仙女就会做你的妻子。[tʂɤ⁵³iaŋ⁵³, tʂɤ⁵³kə⁰ɕian⁴⁴ny²¹tɕiou⁵³xuei⁵³tsuo⁵³ni²¹tə⁰tɕʰi⁴⁴tsʅ²¹]

牛郎第二天早晨，[ɲiou²⁴laŋ²⁴ti⁵³ɚ⁵³tʰian⁴⁴tsau²¹tʂʰən⁰]

在朦朦胧胧中，[tsai⁵³məŋ²⁴məŋ²⁴luŋ²⁴luŋ²⁴tsuŋ⁴⁴]

来到了湖边，[lai²⁴tau⁵³lə⁰xu²⁴piɐ⁴⁴]

果然有七个美女在湖里戏水，[kuo²¹ zan²⁴ iou²¹ tɕʰi⁴⁴ kə⁰ mei²⁴ ny²¹ tsai⁵³ xu²⁴ li²¹ ɕi⁵³ ʂuei²¹]

牛郎迅速地取走了一件儿衣服，[ɳiou²⁴ laŋ²⁴ ɕyn⁵³ su⁵³ tə⁰ tɕʰy²⁴ tsou⁵³ lə⁰ i²⁴ tɕieɻ⁵³ i⁴⁴ fu⁰]

头也不回地跑回了家里。[tʰou²⁴ ie²¹ pu⁵³ xuei²⁴ tə⁰ pʰau⁵³ xuei²⁴ lə⁰ tɕia⁴⁴ li²¹]

当天晚上织女便敲开了牛郎家的门，[taŋ⁴⁴ tʰian⁴⁴ uan²¹ ʂaŋ⁰ tʂʅ⁴⁴ ny²¹ pian⁵³ tɕʰiau⁴⁴ kʰai⁴⁴ lə⁰ ɳiou²⁴ laŋ²⁴ tɕia⁴⁴ tə⁰ mən²⁴]

就这样两个人成了恩爱夫妻。[tɕiou⁵³ tʂɤ⁵³ iaŋ⁵³ liaŋ²¹ kə⁰ zən²⁴ tʂʰəŋ⁵³ lə⁰ ən⁴⁴ ai⁵³ fu⁴⁴ tɕʰi⁴⁴]

一转眼三年时间过去了，[i⁵³ tʂuan²⁴ ian²¹ san⁴⁴ ɳian⁴⁴ ʂʅ²⁴ tɕian⁴⁴ kuo⁵³ tɕʰy⁰ lə⁰]

牛郎和织女生了一男一女两个孩子，[ɳiou²⁴ laŋ²⁴ xɤ²⁴ tʂʅ⁴⁴ ny²¹ ʂəŋ⁴⁴ lə⁰ i⁵³ nan²⁴ i⁵³ ny²¹ liaŋ²¹ kə⁰ xai²⁴ tsʅ⁰]

两个人过着非常快乐的生活。[liaŋ²¹ kə⁰ zen²⁴ kuo⁵³ tʂə⁰ fei⁴⁴ tʂʰaŋ²⁴ kuai⁵³ lɤ⁵³ tə⁰ ʂəŋ⁴⁴ xuo²⁴]

但是织女下凡的事情被玉皇大帝知道了，[tan⁵³ ʂʅ⁵³ tʂʅ⁴⁴ ny²¹ ɕia⁵³ fan²⁴ tə⁰ ʂʅ⁵³ tɕʰiŋ²⁴ pei⁵³ y⁵³ xuaŋ²⁴ ta⁵³ ti⁵³ tʂʅ⁴⁴ tau⁵³ lə⁰]

有一天突然刮起了大风，[iou²¹ i⁵³ tʰian⁴⁴ tʰu⁴⁴ zan²⁴ kua⁴⁴ tɕʰi²¹ lə⁰ ta⁵³ fəŋ⁴⁴]

下起了大雨，[ɕia⁵³ tɕʰi²¹ lə⁰ ta⁵³ y²¹]

织女突然不见了，[tʂʅ⁴⁴ ny²¹ tʰu⁴⁴ zan²⁴ pu²⁴ tɕian⁵³ lə⁰]

两个孩子哭着喊着要找妈妈，[liaŋ²¹ kə⁰ xai²⁴ tsʅ⁰ kʰu⁴⁴ tʂə⁰ xan⁵³ tʂə⁰ iau⁵³ tʂau²¹ ma⁴⁴ ma⁰]

牛郎也不知所措。[ɳiou²⁴ laŋ²⁴ ie²¹ pu⁵³ tʂʅ⁴⁴ suo⁵³ tsʰuo⁵³]

这时老牛突然开口说话了，[tʂɤ⁵³ ʂʅ²⁴ lau²¹ ɳiou²⁴ tʰu⁴⁴ zan²⁴ kʰai⁴⁴ kʰou²¹ ʂuo⁴⁴ xua⁵³ lə⁰]

"你把我的角拿去，[ɳi²⁴ pa²¹ uo²¹ tə⁰ tɕiau²¹ na²⁴ tɕʰy⁵³]

变成两个筐，[pian⁵³ tʂʰəŋ²⁴ liaŋ²¹ kə⁰ kʰuaŋ⁴⁴]

装上两个孩子，[tʂuaŋ⁴⁴ ʂaŋ⁰ liaŋ²¹ kə⁰ xai²⁴ tsʅ⁰]

这样就可以去天宫找织女了。"[tʂɤ⁵³ iaŋ⁵³ tɕiou⁵³ kʰɤ²⁴ i²¹ tɕʰy⁵³ tʰian⁴⁴ kuŋ⁴⁴ tʂau⁵³ tʂʅ⁴⁴ ny²¹ lə⁰]

牛郎正奇怪，[ɳiou²⁴ laŋ²⁴ tʂəŋ⁵³ tɕʰi²⁴ kuai⁵³]

牛角突然就掉到地上，[ɳiou²⁴ tɕiau²¹ tʰu⁴⁴ zan²⁴ tɕiou⁵³ tiau⁵³ tau⁵³ ti⁵³ ʂaŋ⁰]

变成了两个筐。[pian⁵³ tʂʰəŋ²⁴ lə⁰ liaŋ²¹ kə⁰ kʰuaŋ⁴⁴]

牛郎把孩子装进了筐里，[ȵiou²⁴laŋ²⁴pa²¹xai²⁴tʂʅ⁰tʂuaŋ⁴⁴tɕin⁰lə⁰kʰuaŋ⁴⁴li⁰]

用扁担挑了起来，[yŋ⁵³pian²¹tan⁴⁴tʰiau⁴⁴lə⁰tɕʰi²¹lai⁰]

这时这个筐就像长了翅膀一样，[tʂɤ⁵³ʂʅ²⁴tʂɤ⁵³kə⁰kʰuaŋ⁴⁴tɕiou⁵³ɕiaŋ⁵³tʂaŋ²¹lə⁰tʂʅʰ⁵³paŋ²¹²⁴iaŋ⁵³]

向天宫飞去。[ɕiaŋ⁵³tʰian⁴⁴kuŋ⁴⁴fei⁴⁴tɕʰy⁵³]

飞呀飞呀，[fei⁴⁴ia⁰fei⁴⁴ia⁰]

眼看着就要追上织女了，[ian²¹kʰan⁵³tʂə⁰tɕiou⁵³iau⁵³tʂuei⁴⁴ʂaŋ⁵³tʂʅ⁴⁴ȵy²¹lə⁰]

却被王母娘娘发现了，[tɕʰye⁵³pei⁵³uaŋ²⁴mu²¹ȵiaŋ²⁴ȵiaŋ⁰fa⁴⁴ɕian⁵³lə⁰]

王母娘娘拔下头上的一根金簪，[uaŋ²⁴mu²¹ȵiaŋ²⁴ȵiaŋ⁰pa²⁴ɕia⁵³tʰou²⁴ʂaŋ⁵³tə⁰i⁵³kən⁴⁴tɕin⁴⁴tsan⁴⁴]

在牛郎和织女之间一划，[tsai⁵³ȵiou²⁴laŋ²⁴xɤ²⁴tʂʅ⁴⁴ȵy²¹tʂʅ⁴⁴tɕian⁴⁴i²⁴xua⁵³]

就划出了一道天河，[tɕiou⁵³xua⁵³tʂʰu⁴⁴lə⁰i²⁴tau⁵³tʰian⁴⁴xɤ²⁴]

天河宽得望不到边，[tʰian⁴⁴xɤ²⁴kʰuan⁴⁴tə⁰uaŋ⁵³pu²⁴tau⁵³pian⁴⁴]

就把小两口儿隔开了。[tɕiou⁵³pa²¹ɕiau²⁴liaŋ²¹kʰour²¹kɤ²⁴kʰai⁴⁴lə⁰]

喜鹊非常同情牛郎和织女，[ɕi²¹tɕʰye⁵³fei⁴⁴tʂaŋ²⁴tʰuŋ²⁴tɕʰiŋ²⁴ȵiou²⁴laŋ²⁴xɤ²⁴tʂʅ⁴⁴ȵy²¹]

每年农历的七月初七，[mei²¹ȵian²⁴nuŋ²⁴li⁵³tə⁰tɕʰi²⁴ye⁵³tʂʰu⁴⁴tɕʰi⁴⁴]

成千上万只喜鹊，[tʂʰəŋ²⁴tɕʰian⁴⁴ʂaŋ⁵³uan⁵³tʂʅ⁴⁴ɕi²¹tɕʰye⁵³]

飞到天河上，[fei⁴⁴tau⁵³tʰian⁴⁴xɤ²⁴ʂaŋ⁵³]

一只衔着另一只的尾巴，[i⁵³tʂʅ⁴⁴ɕian²⁴tʂə⁰liŋ⁵³i⁵³tʂʅ⁴⁴tə⁰uei²¹pa⁰]

搭成了鹊桥，[ta⁴⁴tʂʰəŋ²⁴lə⁰tɕʰye⁵³tɕʰiau²⁴]

这样牛郎和织女得以相见。[tʂɤ⁵³iaŋ⁵³ȵiou²⁴laŋ²⁴xɤ²⁴tʂʅ⁴⁴ȵy²¹tɤ²⁴i²¹ɕiaŋ⁴⁴tɕian⁵³]

牛郎和织女

　　古时候有一个小伙子，父母都去世了，家里只有一头老牛，所以人们管他叫牛郎。牛郎以老牛耕田为生，与老牛相依为命。其实老牛是天上的金牛星，老牛喜欢牛郎的淳朴善良，很想帮他成个家。有一天，金牛星得知天上的仙女要下凡洗澡，就托梦给牛郎，告诉牛郎第二天早晨去村东边的湖里，拿走仙女的一件衣服，然后飞快地跑回家，这个仙女就会做你的妻子。牛郎第二天早晨来到了湖边，果然有七个美女在湖里戏水，牛郎迅速地取走了一件衣服，头也不回地跑回了家里，当天晚上织女便敲开了牛郎家的门，就这样两个人成了恩爱夫妻。一转眼三年时间过去了，牛郎和织女生了一男一女两个孩子，两个人过着非常快乐的生活。

织女下凡的事情被玉皇大帝知道了。有一天突然刮起了大风，织女突然不见了，两个孩子哭着喊着要找妈妈，牛郎也不知所措。这时老牛突然开口说话了，"你把我的角拿去，变成两个筐，装上两个孩子，就可以去天宫找织女了。"牛郎正奇怪，牛角突然掉到地上，变成了两个筐，牛郎把孩子装进筐里，用扁担挑了起来，就像长了翅膀一样向天宫飞去。飞呀飞呀，眼看就要追上织女了，却被王母娘娘发现了，王母娘娘拔下头上的一根金簪，在牛郎和织女之间一划，就划出了一道天河，天河宽得望不到边，把小两口儿隔开了。

喜鹊非常同情牛郎和织女，每年农历的七月初七，成千上万只喜鹊飞到天河上，一只衔着另一只的尾巴，搭成了鹊桥，这样牛郎和织女得以相见。

琵琶精 [pʰi²⁴pʰa⁰tɕiŋ⁴⁴]

从前吧，有这么一家儿，[tsʰuŋ²⁴tɕʰian²⁴pa⁰, iou²¹tṣuŋ⁵³mə⁰i⁵³tɕiar⁴⁴]

有个女的，[iou²¹kə⁰n̥y²¹tə⁰]

她要给她妈妈上寿去。[tʰa⁴⁴iau⁵³kei²¹tʰa⁴⁴ma⁴⁴ma⁰ṣaŋ⁵³ṣou⁵³tɕʰy⁰] 上寿：祝寿

家里呢，孩子特别多，[tɕia⁴⁴li²¹nə⁰, xai²⁴tsɿ⁰tʰɤ⁵³pie²⁴tuo⁴⁴]

她临走之前，[tʰa⁴⁴lin²⁴tsou²¹tṣɿ⁴⁴tɕʰian²⁴]

就跟这几个孩子说，[tɕiou⁵³kən⁴⁴tṣei⁵³tɕi²¹kə⁰xai²⁴tsɿ⁰ṣuo⁴⁴]

叫门插关儿，钉锦子，[tɕiau⁵³mən²⁴tṣʰa⁴⁴kuɐr⁰, liau⁵³tiau⁵³tsɿ⁰] 门插关儿：这里是孩子的名字。以下"钉锦子""小伶子""小铁子""笤帚疙瘩""扫帚节子"均是孩子名字

小伶子、小铁子，[ɕiau²¹liŋ²⁴tsɿ⁰, ɕiau²¹tʰie²¹tsɿ⁰]

还有笤帚疙瘩，[xai²⁴iou²¹tʰiau²¹tṣou⁰ka⁴⁴ta⁰]

扫帚节子，[sau⁵³tʂou⁰tɕie²¹tsʅ⁰]

跟那几个孩子说：[kən⁴⁴nai⁵³tɕi²¹kə⁰xai²⁴tsʅ⁰ʂuo⁴⁴]

"妈走了，[ma⁴⁴tsou²¹lə⁰]

去给你们姥姥上寿去，[tɕʰy⁵³kei²¹n̠i²¹mən⁰lau²¹lau⁰ʂaŋ⁵³ʂou⁵³tɕʰy⁰]

谁来了呢，你们也别给开门，[ʂei²⁴lai²⁴lə⁰nə⁰, n̠i²¹mən⁰ie²¹pie²⁴kei²¹kʰai⁴⁴mən²⁴]

你们在家看家。"[n̠i²¹mən⁰tsai⁵³tɕia⁴⁴kʰan⁴⁴tɕia⁴⁴]

然后她就走了。[ʐan²⁴xou⁰tʰa⁴⁴tɕiou⁵³tsou²¹lə⁰]

走吧，走到道儿上就累了，[tsou²¹pa⁰, tsou²¹tau⁰taur⁵³ʂaŋ⁰tɕiou⁵³lei⁵³lə⁰] 道儿上：路上

就寻思歇一会儿，[tɕiou⁵³ɕin²⁴sʅ⁰ɕie⁴⁴i⁵³xuər²¹] 寻思：想

这时候过来一个老琵琶精，[tʂɤ⁵³ʂʅ²⁴xou⁰kuo⁵³lai⁰i²⁴kə⁰lau²¹pʰi²⁴pʰa⁰tɕiŋ⁴⁴]

完了就问她，[uan²⁴lə⁰tɕiou⁵³uən⁵³tʰa⁰] 完了：然后，话语连接词

说："大姐，你干啥去呀？"[ʂuo⁴⁴ta⁵³tɕie²¹, n̠i²¹ka⁵³xa²⁴tɕʰy⁵³ia⁰]

她说她给她妈妈上寿去。[tʰa⁴⁴ʂuo⁴⁴tʰa⁴⁴kei²¹tʰa⁴⁴ma⁴⁴ma⁰ʂaŋ⁵³ʂou⁵³tɕʰy⁰]

她说："那你家住哪儿啊？"[tʰa⁴⁴ʂuo⁴⁴na⁵³n̠i²¹tɕia⁴⁴tʂu⁵³nar²¹ʐa⁰]

她就告诉了人家她家住哪儿。[tʰa⁴⁴tɕiou⁵³kau⁵³su⁰lə⁰ʐən²⁴tɕia⁴⁴tʰa⁴⁴tɕia⁴⁴tʂu⁵³nar²¹]

她说："你家有几个孩子呀？"[tʰa⁴⁴ʂuo⁴⁴n̠i²¹tɕia⁴⁴iou²¹tɕi²¹kə⁰xai²⁴tsʅ⁰ia⁰]

她就告诉人家，[tʰa⁴⁴tɕiou⁵³kau⁵³su⁰ʐən²⁴tɕia⁴⁴]

她说："我家有六七个孩子呢！"[tʰa⁴⁴ʂuo⁴⁴uo²¹tɕia⁴⁴iou²¹liou⁵³tɕʰi⁴⁴kɤ⁵³xai²⁴tsʅ⁰nə⁰]

说："都叫什么呀？"[ʂuo⁴⁴tou⁴⁴tɕiau⁵³ʂən²⁴mə⁰ia⁰]

她说："有门插关儿，完了钌锦子，[tʰa⁴⁴ʂuo⁴⁴iou²¹mən²⁴tʂʰa⁴⁴kuɐr⁰, uan²⁴lə⁰liau⁵³tiau⁵³tsʅ⁰]

还有笤帚疙瘩，扫帚节子，[xai²⁴iou²¹tʰiau²⁴tsou⁰ka⁴⁴ta⁰, sau⁵³tʂou⁰tɕie²¹tsʅ⁰]

小伶子，小铁子。"[ɕiau²¹liŋ²⁴tsʅ⁰, ɕiau²⁴tʰie²¹tsʅ⁰]

琵琶精就都记下来了，[pʰi²⁴pʰa⁰tɕiŋ⁴⁴tɕiou⁵³tou⁴⁴tɕi⁵³ɕia⁰lai⁰lə⁰]

琵琶精说：[pʰi²⁴pʰa⁰tɕiŋ⁴⁴ʂuo⁴⁴]

"大姐你脖子后有个虱子。"[ta⁵³tɕie²¹n̩ʑi²¹pɤ²⁴tsʅ⁰xou⁵³iou²¹kə⁰ʂʅ⁴⁴tsʅ⁰]

她说："我也看不见哪，[tʰa⁴⁴ʂuo⁴⁴uo²¹ie²¹kʰan⁵³pu²⁴tɕian⁵³na⁰]

你帮我拿下来吧！"[n̩ʑi²¹paŋ⁴⁴uo²¹na²⁴ɕia⁰lai²⁴pa⁰]

琵琶精说："我也不会拿呀，[pʰi²⁴pʰa⁰tɕiŋ⁴⁴ʂuo⁴⁴uo¹ie²¹pu²⁴xuei⁵³na²⁴ia⁰]

就会咬。"[tɕiou⁵³xuei⁵³iau²¹]

然后上去一下子呢，[zan²⁴xou⁵³ʂaŋ⁵³tɕʰy⁵³i²⁴ɕia⁵³tsʅ⁰nə⁰]

就把这个女的给咬死了。[tɕiou⁵³pa²¹tʂei⁵³kə⁰ny²¹tə⁰kei²¹iau²¹sʅ²¹lə⁰]

然后就把她的衣服哇，都穿上了。[zan²⁴xou⁵³tɕiou⁵³pa²¹tʰa⁴⁴tə⁰i²⁴fu⁰ua⁰, tou⁴⁴tʂʰuan⁴⁴ʂaŋ⁰lə⁰]

说这话儿的工夫啊天就黑了，[ʂuo⁴⁴tʂei⁵³xuar⁵³tə⁰kuŋ⁴⁴fu⁰a⁰tʰian⁴⁴tɕiou⁵³xei⁴⁴lə⁰]

然后吧，她就顺着这个女的说的，[zan²⁴xou⁵³pa⁰, tʰa⁴⁴tɕiou⁵³ʂuən⁵³tʂə⁰tɤ⁵³kə⁰ny²¹tə⁰ʂuo⁴⁴tə⁰]

找到她家了。[tʂau²¹tau⁵³tʰa⁴⁴tɕia⁴⁴lə⁰]

然后就敲门，[zan²⁴xou⁵³tɕiou⁵³tɕʰiau⁴⁴mən²⁴]

她说："门插关儿给妈妈开门。"[tʰa⁴⁴ʂuo⁴⁴mən²⁴tʂʰa⁴⁴kuɐr⁰kei²¹ma⁴⁴ma⁰kʰai⁴⁴mən²⁴]

门插关儿说："你不是我妈妈，[mən²⁴tʂʰa⁴⁴kuɐr⁰ʂuo⁴⁴n̩ʑi²¹pu²⁴sʅ⁵³uo²¹ma⁴⁴ma⁰]

我妈妈不是这个声音。"[uo²¹ma⁴⁴ma⁴⁴pu²⁴sʅ⁵³tʂɤ⁵³kə⁰ʂəŋ⁴⁴in⁴⁴]

然后她说：[zan²⁴xou⁵³tʰa⁴⁴ʂuo⁴⁴]

"钉锦子给妈妈开门。"[liau⁵³tiau⁵³tsʅ⁰kei²¹ma⁴⁴ma⁰kʰai⁴⁴mən²⁴]

钉锦子说："你不是我妈妈，[liau⁵³tiau⁵³tsʅ⁰ʂuo⁴⁴n̩ʑi²¹pu²⁴sʅ⁵³uo²¹ma⁴⁴ma⁰]

我妈妈从南边儿回来。"[uo²¹ma⁴⁴ma⁰tsʰuŋ²⁴nan²⁴piɐr⁴⁴xuei²⁴lai⁰]

然后她说："笤帚疙瘩，[zan²⁴xou⁵³tʰa⁴⁴ʂuo⁴⁴tʰiau²⁴tʂou⁰ka⁴⁴ta⁰]

扫帚节子给妈妈开门。"[sau⁵³tʂou⁰tɕie²¹tsʅ⁰kei²¹ma⁴⁴ma⁰kʰai⁴⁴mən²⁴]

他们也不给她开。[tʰa⁴⁴mən⁰ie²¹pu⁵³kei²¹tʰa⁴⁴kʰai⁴⁴]

然后她说：[zan²⁴xou⁵³tʰa⁴⁴ʂuo⁴⁴]

"小铁子给妈妈开门。"[ɕiau²⁴tʰie²¹tsʅ⁰kei²¹ma⁴⁴ma⁰kʰai⁴⁴mən²⁴]

小铁子小就给她开开了，[ɕiau²⁴tʰie²¹tsʅ⁰ɕiau²¹tɕiou⁵³kei²¹tʰa⁴⁴kʰai⁴⁴kʰai⁰lə⁰]

开开她就进来了，[kʰai⁴⁴kʰai⁰tʰa⁴⁴tɕiou⁵³tɕin⁵³lai⁰lə⁰]

进来了吧，晚上了要睡觉了，[tɕin⁵³lai⁰lə⁰pa⁰，uan²¹ʂaŋ⁰lə⁰iau⁵³suei⁵³tɕiau⁵³lə⁰]

她说："来，门插关儿，跟妈妈搂。"[tʰa⁴⁴ʂuo⁴⁴，lai²⁴，mən²⁴tʂʰa⁴⁴kuɐr⁰，kən⁴⁴ma⁴⁴ma⁰lou²¹]

门插关儿不跟她搂。[mən²⁴tʂʰa⁴⁴kuɐr⁰pu⁵³kən⁴⁴tʰa⁴⁴lou²¹]

她说："笤帚疙瘩跟妈妈搂来，[tʰa⁴⁴ʂuo⁴⁴，tʰiau²⁴tʂou⁰ka⁴⁴ta⁰kən⁴⁴ma⁴⁴ma⁰lou²¹lai²⁴]

妈妈搂你睡觉。"[ma⁴⁴ma⁰lou²¹n̻i²¹suei⁵³tɕiau⁵³]

笤帚疙瘩也不跟她搂。[tʰiau²⁴tʂou⁰ka⁴⁴ta⁰ie²¹pu⁵³kən⁴⁴tʰa⁴⁴lou²¹]

后来说："小铁子跟妈妈搂。"[xou⁵³lai²⁴ʂuo⁴⁴ɕiau²⁴tʰie²¹tsʅ⁰kən⁴⁴ma⁴⁴ma⁰lou²¹]

小铁子小就跟她搂。[ɕiau²¹tʰie²¹tsʅ⁰ɕiau²¹tɕiou⁵³kən⁴⁴tʰa⁴⁴lou²¹]

一摸她说："哎呀妈呀，[i⁵³mɤ⁴⁴tʰa⁴⁴ʂuo⁴⁴，ei²⁴ia⁰ma⁴⁴ia⁰]

你身上怎么有毛儿哇？"[n̻i²¹ʂən⁴⁴ʂaŋ⁰tsən²¹mə⁰iou²¹maur²⁴ua⁰]

妈妈说："去给你姥姥上寿去，[ma⁴⁴ma⁰ʂuo⁴⁴tɕʰy⁵³kei²¹n̻i²¹lau²¹lau⁰ʂaŋ⁵³ʂou⁵³tɕʰy⁰]

你姥姥给了我一件儿皮衣裳，[n̻i²¹lau²¹lau⁰kei²¹lə⁰uo²¹i²⁴tɕiɐr⁵³pʰi²⁴i⁴⁴ʂaŋ⁰]

我翻着穿的。"[uo²¹fan⁴⁴tʂə⁰tʂʰuan⁴⁴tə⁰]

然后他问：[ʐan²⁴xou⁵³tʰa⁴⁴uən⁵³]

"怎么后边儿还有尾巴呀？"[tsən²¹mə⁰xou⁵³piɐr⁴⁴xai²⁴iou²¹uei²¹pa⁰ia⁰]

然后她说：[ʐan²⁴xou⁵³tʰa⁴⁴ʂuo⁴⁴]

"这是你姥姥给我的掸子，[tʂɤ⁵³ʂʅ⁵³n̻i²¹lau²¹lau⁰kei²¹uo²¹tə⁰tan²¹tsʅ⁰] 掸子：用鸡毛绑成的除去灰尘的用具

让我放在后面了。"[ʐaŋ⁵³uo²¹faŋ⁵³tsai⁵³xou⁵³mian⁵³lə⁰]

然后吧，睡着睡着吧，[ʐan²⁴xou⁵³pa⁰，suei⁵³tʂə⁰suei⁵³tʂə⁰pa⁰]

琵琶精就给这个小孩儿就给吃了。[pʰi²⁴pʰa⁰tɕiŋ⁴⁴tɕiou⁵³kei²¹tʂei⁵³kə⁰ɕiau²¹xɐr²⁴ tɕiou⁵³kei²¹tʂʅ⁴⁴lə⁰]

门插关儿听着了说：[mən²⁴tʂʰa⁴⁴kuɐr⁰tʰiŋ⁴⁴tʂau⁰lə⁰ʂuo⁴⁴]

"妈妈你在吃什么呢，[ma⁴⁴ma⁰n̻i²¹tsai⁵³tʂʅ⁴⁴ʂən²⁴mə⁰nə⁰]

怎么嘎嘣嘎嘣的呀？"[zən²¹mə⁰ka⁴⁴pəŋ⁴⁴ka⁴⁴pəŋ⁴⁴tə⁰ia⁰]

她说："是你姥姥给我拿的胡萝卜。"[tʰa⁴⁴ṣuo⁴⁴ʂʐ⁵³ȵi²¹lau²¹lau⁰kei²¹uo²¹na²⁴tə⁰xu²⁴luo²⁴pə⁰]

然后说："那你给我一块儿呗。"[zən²⁴xou⁵³ṣuo⁴⁴na⁵³ȵi²¹kei²¹i²⁴kʰuɐ⁵³pei⁰]

然后，她就给这小孩儿的手指头，[zən²⁴xou⁵³, tʰa⁴⁴tɕiou⁵³kei²¹tʂɤ⁵³ɕiau²¹xɚ²⁴tə⁰ṣou²¹tʂʅ²⁴tʰou⁰]

撅下来了。[tɕye⁴⁴ɕia⁵³lai⁰lə⁰] 撅：折断

门插关儿接过来一看，[mən²⁴tʂʰa⁴⁴kuɐ⁰tɕie⁴⁴kuo⁵³lai⁰i²⁴kʰan⁵³]

哎呀是他弟弟的手指头，[ei²⁴ia⁰ʂʅ⁵³tʰa⁴⁴ti⁵³ti⁰tə⁰ṣou²¹tʂʅ²⁴tʰou⁰]

紧忙儿叫着那几个孩子都起来，[tɕin²¹mãr²⁴tɕiau⁵³tʂə⁰na⁵³tɕi²¹kə⁰xai²⁴tsʅ⁰tou⁴⁴tɕʰi²¹lai⁰] 紧忙儿：连忙

就跑，跑到外边爬树上去了。[tɕiou⁵³pʰau²¹, pʰau²¹tau⁵³uai⁵³pian⁴⁴pʰa²⁴ṣu⁵³ṣaŋ⁰tɕʰy⁵³lə⁰]

爬树上之后呢，这琵琶精也出来了，[pʰa²⁴ṣu⁵³ṣaŋ⁰tsʅ⁴⁴xou⁵³nə⁰, tʂɤ⁵³pʰi²⁴pʰa⁰tɕiŋ⁴⁴ie²¹tʂʰu²⁴lai⁰lə⁰]

她也上不去呀，说："妈妈也想上去。"[tʰa⁴⁴ie²¹ṣaŋ⁵³pu²⁴tɕʰy⁵³ia⁰, ṣuo⁴⁴ma⁴⁴ma⁰ie²¹ɕiaŋ²¹ṣaŋ⁵³tɕʰy⁰]

门插关儿说：[mən²⁴tʂʰa⁴⁴kuɐ⁰ṣuo⁴⁴]

"你把那个大锅烧红了，[ȵi²¹pa²¹na⁵³kə⁰ta⁵³kuo⁴⁴ṣau⁴⁴xuŋ²⁴lə⁰]

然后我用铁链儿拴着你上来。"[zən²⁴xou⁵³uo²¹yŋ⁵³tʰie²¹liɐr⁵³ṣuan⁴⁴tʂə⁰ȵi²¹ṣaŋ⁵³lai⁰]

她就把大锅烧红了，[tʰa⁴⁴tɕiou⁵³pa²¹ta⁵³kuo⁴⁴ṣau⁴⁴xuŋ²⁴lə⁰]

把自己绑铁链上了。[pa²¹tsʅ⁵³tɕi²¹paŋ²¹tʰie²¹lian⁵³ṣaŋ⁰lə⁰]

这几个孩子就拽，[tʂɤ⁵³tɕi²¹kə⁰xai²⁴tsʅ⁰tɕiou⁵³tʂuai⁵³]

拽到一半儿的时候吧，一下子就撒手，[tʂuai⁵³tau⁵³i²⁴pɐr⁵³tə⁰ʂʅ²⁴xou⁰pa⁰, i²⁴ɕia⁵³tsʅ⁰tɕiou⁵³sa⁴⁴ṣou²¹]

琵琶精就掉到下边的锅里边，[pʰi²⁴pʰa⁰tɕiŋ⁴⁴tɕiou⁵³tiau⁵³tau⁵³ɕia⁵³pian⁰tə⁰kuo⁴⁴li⁰pian⁰]

给烫死了。[kei²¹tʰaŋ⁵³sʅ²¹lə⁰]

琵琶精

　　从前有这么一家人，家里有个中年妇女要给她妈妈祝寿去。她家里孩子特别多，临走的时候她对孩子们说："门插关儿，钉锦子，笤帚疙瘩，扫帚节子，小伶子，小铁子，妈走了，去给你们姥

姥祝寿去,你们在家看家,谁来也别给开门。"

然后她就走了,走到半路就累了,坐在地上休息。这时候过来一个琵琶精,就问她:"大姐,你去哪儿啊?"她说她给她妈妈祝寿去。琵琶精说:"你家住哪儿啊?"她就告诉了琵琶精。琵琶精说:"你家有几个孩子啊?"她就告诉人家说:"我家有六七个孩子呢!"琵琶精问:"都叫什么呀?"她说:"有门插关儿,钉锦子,笤帚疙瘩,扫帚节子,小伶子,小铁子。"琵琶精就都记下来了,然后说:"大姐,你脖子后边有个虱子。"她说:"我也看不见,你帮我拿下来吧!"琵琶精说:"我也不会拿呀,就会咬。"然后一口就把她咬死了。

琵琶精就把中年妇女的衣服穿上了。然后找到她家,说:"门插关儿给妈妈开门。"门插关儿说:"你不是我妈妈,我妈妈的声音不是这样的。"然后她说:"钉锦子给妈妈开门。"钉锦子说:"你不是我妈妈,我妈妈从南边回来。"然后她说:"笤帚疙瘩,扫帚节子,给妈妈开门。"笤帚疙瘩、扫帚节子也不给开。

她又说:"小铁子给妈妈开门。"小铁子小就给她开了,开了她就进来了。晚上要睡觉了,她说:"来,门插关儿,跟妈妈睡。"门插关儿不跟她睡。她说:"笤帚疙瘩跟妈妈睡。"笤帚疙瘩也不跟她睡。然后又说:"小铁子跟妈妈睡。"小铁子就跟她睡了。一摸她,说:"哎呀,你身上怎么有毛啊?"她说:"我去给你姥姥祝寿,你姥姥给了我一件皮衣裳,我翻着穿的。"他又问:"怎么后边还有尾巴呀?"她说:"这是你姥姥给我的掸子,让我放在屁股后面了。"然后琵琶精就把这个小孩吃了。

门插关儿听见了声音,说:"妈妈你在吃什么呢?"她说:"是你姥姥给我拿的胡萝卜。"门插关儿说:"那你给我一块呗。"她就把这小孩的手指头掰下来扔给门插关儿。门插关儿接过来一看,是弟弟的手指头,连忙叫那几个孩子都起来,跑到外边爬到树上去了。琵琶精也出来了,她上不去,说:"妈妈也想上去。"门插关儿说:"你把那个大锅烧红了,然后再拴个铁链子,我们拽你上来。"她就把大锅烧红了,在自己身上拴了个铁链子。这几个孩子就拽铁链子,拽到一半的时候,孩子们一撒手,琵琶精就掉到下边的锅里烫死了。

大黄龙与小黄龙 [ta⁵³xuaŋ²⁴luŋ²⁴y²¹ɕiau²¹xuaŋ²⁴luŋ²⁴]

在很久很久以前,[tsai⁵³xən²⁴tɕiou²¹xən²⁴tɕiou²¹i²¹tɕʰian²⁴]

松花江边儿住着两条龙，[suŋ⁴⁴xua⁴⁴tɕiaŋ⁴⁴pieɻ⁴⁴tʂu⁵³tʂə⁰liaŋ²¹tʰiau²⁴luŋ²⁴]

一条大黄龙和一条小黄龙。[i⁵³tʰiau²⁴ta⁵³xuaŋ²⁴luŋ²⁴ xɤ²⁴i⁵³tʰiau²⁴ɕiau²¹xuaŋ²⁴luŋ²⁴]

在离黄龙居住不远的地方，[tsai⁵³li²⁴xuaŋ²⁴luŋ²⁴tɕy⁴⁴tʂu⁵³pu⁵³yan²¹tə⁰ti⁵³faŋ⁰]

有一个叫上号村的地方。[iou²¹i²⁴kə⁰tɕiau⁵³ʂaŋ⁵³xau⁵³tsʰuən⁴⁴tə⁰ti⁵³faŋ⁰]

干旱的时候，两条黄龙，[kan⁴⁴xan⁵³tə⁰ʂʅ²⁴xou⁰，liaŋ²¹tʰiau²⁴xuaŋ²⁴luŋ²⁴]

就会呼风唤雨的，[tɕiou⁵³xuei⁵³xu⁴⁴fəŋ⁴⁴xuan⁵³y²¹tə⁰]

让他们的庄稼有收成。[ʐaŋ⁵³tʰa⁴⁴mən⁰tə⁰tʂuaŋ⁴⁴tɕia⁴⁴iou²¹ʂou⁴⁴tʂʰəŋ²⁴]

涨大水的时候呢，[tʂaŋ²¹ta⁵³ʂuei²¹tə⁰ʂʅ²⁴xou⁰nə⁰]

两条黄龙呢，就为他们排涝。[liaŋ²¹tʰiau²⁴xuaŋ²⁴luŋ²⁴nə⁰，tɕiou⁵³uei⁵³tʰa⁴⁴mən⁰pʰai²⁴lau⁵³]

村民呢，也非常喜欢这两条龙，[tsʰuən⁴⁴min²⁴nə⁰，ie²¹fei⁴⁴tʂʰaŋ²⁴ɕi²¹xuan⁴⁴tʂei⁵³liaŋ²¹tʰiau²⁴luŋ²⁴]

他们相处得非常融洽，[tʰa⁴⁴mən⁰ɕiaŋ⁴⁴tʂʰu⁵³tə⁰fei⁴⁴tʂʰaŋ²⁴ʐuŋ²⁴tɕʰia⁵³]

总是呢给他们带些吃的，[tsuŋ²¹ʂʅ⁵³nə⁰kei²¹tʰa⁴⁴mən⁰tai⁵³ɕie⁴⁴tʂʰʅ⁴⁴tə⁰]

给黄龙们。[kei²¹xuaŋ²⁴luŋ²⁴mən⁰]

然后还敲锣打鼓地，[ʐan²⁴xou⁵³xai²⁴tɕʰiau⁴⁴luo²⁴ta²⁴ku²¹ti⁰]

给他们送一些东西。[kei²¹tʰa⁴⁴mən⁰suŋ⁵³i⁵³ɕie⁴⁴tuŋ⁴⁴ɕi⁰]

两条黄龙呢，[liaŋ²¹tʰiau²⁴xuaŋ²⁴luŋ²⁴nə⁰]

吃完他们送的东西呢，[tʂʰʅ⁴⁴uan²⁴tʰa⁴⁴mən⁰suŋ⁵³tə⁰tuŋ⁴⁴ɕi⁰nə⁰]

看完他们的表演，[kʰan⁵³uan²⁴tʰa⁴⁴mən⁰tə⁰piau²¹ian²¹]

然后也为他们表演，在天上飞，[ʐan²⁴xou⁵³ie²¹uei⁵³tʰa⁴⁴mən⁰piau²⁴ian²¹，tsai⁵³tʰian⁴⁴ʂaŋ⁰fei⁴⁴]

然后青少年还给他们擂鼓助威。[ʐan²⁴xou⁵³tɕʰiŋ⁴⁴ʂau⁵³ȵian²⁴xai²¹kei²¹tʰa⁴⁴mən⁰lei²⁴ku²¹tʂu⁵³uei⁴⁴]

还在江上赛龙舟，[xai²⁴tsai⁵³tɕiaŋ⁴⁴ʂaŋ⁵³sai⁵³luŋ²⁴tʂou⁴⁴]

他们就是相处得非常融洽。[tʰa⁴⁴mən⁰tɕiou⁵³ʂʅ⁵³ɕiaŋ⁴⁴tʂʰu²¹tə⁰fei⁴⁴tʂʰaŋ²⁴ʐuŋ²⁴tɕʰia⁵³]

过了一段时间以后吧，[kuo⁵³lə⁰i²⁴tuan⁵³ʂʅ²⁴tɕian⁴⁴i²¹xou⁵³pa⁰]

就来了一个商人，[tɕiou⁵³lai²⁴lə⁰i²⁴kɤ⁵³ʂaŋ⁴⁴ʐən²⁴]

然后在这边买房子，[zan²⁴xou⁵³tsai⁵³tʂei⁵³pian⁴⁴mai²¹faŋ²⁴tsʅ⁰]

又买地然后又盖房儿，[iou⁵³mai²¹ti⁵³zan²⁴xou⁵³iou⁵³kai⁵³fãr²⁴]

就盖了一个酒坊，[tɕiou⁵³kai⁵³lə⁰i²⁴kə⁰tɕiou²¹faŋ²⁴]

雇了很多人就是，[ku⁵³lə⁰xən²¹tuo⁴⁴zən²⁴tɕiou⁵³ʂʅ⁵³]

叫恒发龙酒坊。[tɕiau⁵³xəŋ²⁴fa⁴⁴luŋ²⁴tɕiou²¹faŋ²⁴]

生意呢很火，[ʂəŋ⁴⁴i⁵³nə⁰xən²⁴xuo²¹]

这帮人呢，[tʂei⁵³paŋ⁴⁴zən²⁴nə⁰]

很少来看这两条龙了，[xən²⁴ʂau²¹lai²⁴kʰan⁵³tʂei⁵³liaŋ²¹tʰiau²⁴luŋ²⁴lə⁰]

慢慢地越来越少了。[man⁵³man⁵³ti⁰ye⁵³lai²⁴ye⁵³ʂau²¹lə⁰]

然后两条龙呢，[zan²⁴xou⁵³liaŋ²¹tʰiau²⁴luŋ²⁴nə⁰]

也慢慢地跟他们疏远了。[ie²¹man⁵³man⁵³ti⁰kən⁴⁴tʰa⁴⁴mən⁰ʂu⁴⁴yan²¹lə⁰]

干旱的时候，[kan⁴⁴xan⁵³tə⁰ʂʅ²⁴xou⁰]

也不为他们降雨了，[ie²¹pu²⁴uei⁵³tʰa⁴⁴mən⁰tɕiaŋ⁵³y²¹lə⁰]

涝的时候呢也不为他们排水，[lau⁵³tə⁰ʂʅ²⁴xou⁰nə⁰ie²¹pu²⁴uei⁵³tʰa⁴⁴mən⁰pʰai²⁴ʂuei²¹]

这人慢慢地把两条龙给忘记了。[tʂɤ⁵³zən²⁴man⁵³man⁵³ti⁰pa²¹liaŋ²¹tʰiau²⁴luŋ²⁴kei¹uaŋ⁵³tɕi⁵³lə⁰]

这酒坊吧越做越大。[tʂɤ⁵³tɕiou²¹faŋ²⁴pa⁰ye⁵³tsuo⁵³ye⁵³ta⁵³]

然后这酒味儿吧，[zan²⁴xou⁵³tʂɤ⁵³tɕiou²¹uər⁵³pa⁰]

也是越来越大，[ie²¹ʂʅ⁵³ye⁵³lai²⁴ye⁵³ta⁵³]

这老黄龙就觉得，[tʂɤ⁵³lau²¹xuaŋ²⁴luŋ²⁴tɕiou⁵³tɕye²⁴tə⁰]

这是害人的毒药，[tʂɤ⁵³ʂʅ⁵³xai⁵³zən²⁴tə⁰tu²⁴iau⁵³]

很排斥这个，就往后退，[xən²¹pʰai²⁴tʂʰʅ⁵³tʂɤ⁵³kə⁰, tɕiou⁵³uaŋ²¹xou⁵³tʰuei⁵³]

越走越远。[ye⁵³tsou²¹ye⁵³yan²¹]

然后小黄龙呢，[zan²⁴xou⁵³ɕiau²¹xuaŋ²⁴luŋ²⁴nə⁰]

离这酒坊越来越近，[li²⁴tʂɤ⁵³tɕiou²¹faŋ²⁴ye⁵³lai²⁴ye⁵³tɕin⁵³]

觉得这是灵丹妙药，[tɕye²⁴tə⁰tʂɤ⁵³ʂʅ⁵³liŋ²⁴tan⁴⁴miau⁵³iau⁵³]

他总想尝一尝。[tʰa⁴⁴tsuŋ²¹ɕiaŋ²¹tʂʰaŋ²⁴i⁰tʂʰaŋ²⁴]

有一天这个小黄龙吧，[iou²¹i⁵³tʰian⁴⁴tʂɤ⁵³kə⁰ɕiau²¹xuaŋ²⁴luŋ²⁴pa⁰]

就钻到酒窖里边儿去了，[tɕiou⁵³tsuan⁴⁴tau⁵³tɕiou²¹tɕiau⁵³li²¹pieɻ⁴⁴tɕʰy⁵³lə⁰]

喝了很多酒，[xɤ⁴⁴lə⁰xən²¹tuo⁴⁴tɕiou²¹]

喝多了嘛然后出来 [xɤ⁴⁴tuo⁴⁴lə⁰ma⁰ʐan²⁴xou⁵³tʂʰu²⁴lai⁰]

就吐了，就形成了，[tɕiou⁵³tʰu⁵³lə⁰，tɕiou⁵³ɕiŋ²⁴tʂʰəŋ²⁴lə⁰]

后来的马家沟河。[xou⁵³lai⁰tə⁰ma²¹tɕia⁴⁴kou⁴⁴xɤ²⁴]

吐完之后还是很难受，[tʰu⁵³uan²⁴tʂʅ⁴⁴xou⁵³xai²⁴ʂʅ⁵³xən²¹nan²⁴ʂou⁵³]

就在地上可哪打滚儿啊，[tɕiou⁵³tsai⁵³ti⁵³ʂaŋ⁰kʰɤ²⁴na²¹ta²⁴kuəɻ²¹ʐa⁰] 可哪：到处

后来他就死了。[xou⁵³lai²⁴tʰa⁴⁴tɕiou⁵³sʅ²¹lə⁰]

老黄龙知道这个消息之后呢，[lau²¹xuaŋ²⁴luŋ²⁴tʂʅ²⁴tau⁰tʂɤ⁵³kə⁰ɕiau⁴⁴ɕi⁰tʂʅ⁴⁴xou⁵³nə⁰]

非常地悲伤，趴在地上也一动不动，[fei⁴⁴tʂʰaŋ²⁴ti⁰pei⁴⁴ʂaŋ⁴⁴，pʰa⁴⁴tsai⁵³ti⁵³ʂaŋ⁵³ie²¹i²⁴tuŋ⁵³pu²⁴tuŋ⁵³]

后来也死了。[xou⁵³lai⁰ie²¹sʅ²¹lə⁰]

经过数万年的风化，[tɕiŋ⁴⁴kuo⁰ʂu⁵³uan⁵³ȵian²⁴tə⁰fəŋ⁴⁴xua⁵³]

老黄龙的尸体，后来形成了黄山。[lau²¹xuaŋ²⁴luŋ²⁴tə⁰ʂʅ⁴⁴tʰi²¹，xou⁵³lai²⁴ɕiŋ²⁴tʂʰəŋ²⁴lə⁰xuaŋ²⁴ʂan⁴⁴]

小黄龙死的地方，慢慢形成了南岗。[ɕiau²¹xuaŋ²⁴luŋ²⁴sʅ²¹tə⁰ti⁵³faŋ⁴⁴，man⁵³man⁵³ɕiŋ²⁴tʂʰəŋ²⁴lə⁰ nan²⁴kaŋ⁵³]

小黄龙死之前打滚儿的地方，[ɕiau²¹xuaŋ²⁴luŋ²⁴sʅ²¹tʂʅ⁴⁴tɕʰian²⁴ta²¹kuəɻ²¹tə⁰ti⁵³faŋ⁰]

形成了一片洼地，就叫傅家甸。[ɕiŋ²⁴tʂʰəŋ²⁴lə⁰i²⁴pʰian⁴⁴ua⁴⁴ti⁵³，tɕiou⁵³tɕiau⁵³fu⁵³tɕia⁴⁴tian⁵³]

后来人们在这里修了铁路，[xou⁵³lai⁰ʐən²⁴mən⁰tsai⁵³tʂɤ⁵³li²¹ɕiou⁴⁴lə⁰tʰie²¹lu⁵³]

把哈尔滨分成了道里和道外，[pa²¹xa²⁴ɚ²¹pin⁴⁴fən⁴⁴tʂʰəŋ²⁴lə⁰tau⁵³li²¹xɤ²⁴tau⁵³uai⁵³]

慢慢地形成了哈尔滨。[man⁵³man⁵³tə⁰ɕiŋ²⁴tʂʰəŋ²⁴lə⁰xa²⁴ɚ²¹pin⁴⁴]

大黄龙与小黄龙

相传很久很久以前,松花江边上有两条龙。人们把大一些的叫大黄龙,小一点的叫小黄龙。在离黄龙生活不远的地方有一个叫上号村的地方,村民和两条黄龙和睦相处。遇到干旱年,两条黄龙为人们呼风唤雨;遇到涨大水,两条黄龙为人们排水排涝。有一年,来了一个商人,他开了一家恒发龙酒坊,人们都去酒坊,慢慢把两条黄龙给忘了。两条黄龙居住的地方不断传来阵阵酒香。大黄龙闻到后,一阵恶心,说这是毁人的药。而小黄龙闻到后,说这是仙丹妙药。一天晚上小黄龙溜进了酒窖,一顿痛饮,出了酒窖就呕吐起来,后来形成一条河,传说就是今天的马家沟河。小黄龙喝醉以后在河边上滚来滚去,后来终于趴在地上一动不动了。大黄龙听到小黄龙的死讯非常悲伤,不饮不食最后也卧在那里不动了。经过数万年风化,大黄龙的尸体慢慢变成黄山,小黄龙死的地方变成南岗,小黄龙喝醉后滚出的大片洼地形成傅家甸,后来人们在这块土地上又修了一条铁路,把这里分为道里和道外,慢慢地就形成了哈尔滨。

调查手记

方言文化调查工作，我早有耳闻，但真正参与其中，是从 2016 年开始的。哈尔滨文化是多种元素融合的文化，情况比较复杂，城乡文化差别明显，乡村文化是典型的东北地区农耕社会文化，而城市文化又是多种不同文化元素的融合，其中典型的有三种：哈尔滨本土文化、中原移民文化、欧陆文化。

多元文化交融的表现随处可见，比如在夜市上，左边的摊位是卖"大楂粥"（见图 4-8）、"大饼子"（见图 4-32）、"菜团子"（见图 4-34）等本土食品的，右边可能就是卖"大列巴"（见图 4-28）、"塞克儿"（见图 4-29）、"红肠儿"（见图 4-80）等俄式食品的，旁边又是老鼎丰糕点等从中原传入的食品。

这种多元化的特点给我们的工作带来很多困惑。刚开始的时候，面对这种复杂的情况，我有些迷茫，不知从何处入手，不知到底什么才能代表哈尔滨，是本土文化，欧陆文化，还是中原文化？经过一段时间的调查和思考我逐渐认识到，哈尔滨本来就是多元的，对它的调查研究也应该是全方位的，而不应该是某一个侧面。认识到这点之后，哈尔滨方言文化调查研究的思路才得以确定。

哈尔滨人口来源复杂，既有土著居民，也有来自山东、河北、山西等地的移民。不同来源的人对于同样一个事物常有不同说法。比如有一个用荆条编的筐（见图 2-81），筐的主人叫它"笆斗儿"，再去问别人时，有的说叫"扛筐儿"，有的说叫"腰筐"，有的说叫"篓儿"，

10-1 ◆淳朴热情的老乡

问及功能，同样说法各异，有人说用来装鸡蛋，有人说用来挎着摘菜，还有人说用来装一些重要的东西，吊到房顶上藏起来。因为多次调查的结果不一致，所以对词条和释义也要反复修改。

中外文化交融的特点也常使我们面临难题。有一次在老道外调查时，我们看见一块褪了色的面包店招牌，招牌的顶端和底端有图画和汉字，招牌的主体部分是一些拼音文字，这些拼音文字看起来像俄文又像汉语拼音，一时无法解读。后来经过多方求助才弄清楚，原来这些拼音文字是汉语拼音的哥特体形式，以汉语拼音拼写俄语单词 хлеб（面包）的读音。

哈尔滨有大量的欧式建筑，其中包括一些宗教建筑，要讲清楚这些建筑的特点和历史需要了解历史、建筑、宗教等多方面的知识，这些知识多半需要通过查阅文献资料获得。有时为了说清楚一张图片要翻阅大量文献。所以对我来说，哈尔滨方言文化的调查研究过程也是一个拓宽视野的过程。

哈尔滨的气候特点也给调查工作带来一定困难。哈尔滨四季分明，冬季是哈尔滨最有特色的季节，为了突出哈尔滨的特色，我们要重点调查一些冬季的项目。同时冬季也是调查最困难的季节，低温和冰雪路面是我们面临的最大困难。

10-2 ◆课题组成员帮老乡掰玉米

　　有一次我们晚上开车去一个乡镇拍摄包冻饺子的图片，乡村公路没有路灯，冰雪路面非常湿滑，路面上还有很多大坑，路两边是深沟。返程途中，我们前方不远处的一辆车突然侧翻，我们紧急刹车，虽然避免了与侧翻车辆相撞，但我们的车滑向路边，差点掉进深沟。

　　还有一次去民俗村拍摄，打电话咨询时，回答说可以参观。去了才发现，民俗村确实可以进去，但是由于冬天参观的人少，存放藏品的展室不供暖。参观的人越少，越方便拍摄，我们不能放弃这个机会，于是坚持拍摄。外面将近零下30摄氏度，我们在不供暖的房子里待了近一个上午，如同掉进了冰窟窿，就算把衣服裹得紧紧的，还是冻得瑟瑟发抖。看门的大爷很善良，不时邀我们到他的小屋去暖和暖和，可是下午要闭馆，我们必须在上午拍完，所以直到手冻僵了不能操作相机，才去暖和一下。进了大爷的小屋，在热炕上暖和一会儿，感觉有所缓解后又赶紧出去工作。

　　哈尔滨是一个冰雪之都，冰灯是哈尔滨的特色景观。冰灯拍摄也是一波三折。第一次我们买了冰雪大世界的门票，入园拍摄时才发现相机没有插卡。然后计划元宵节再拍，结果那一年春天升温早，到元宵节时冰灯已开始融化。

10-3 ◆黑龙江北方民俗博物馆

    调查工作中还有一些人和事，或令人感动，或令人思考，使人久久不能忘怀。

    哈尔滨一带多平原，利于机械耕作，目前农业生产基本实现了机械化，传统方式的耕作已很少见，只有一些无法利用机械耕作的山地还保留传统耕作方式。要拍摄传统农耕，只能到这样的地方去。有一次，我们拍春耕，开车去一个山区，透过车窗，我们发现在不远处的山坡上有耕地的人和牛，于是停好车去找那片田地，可是我们不熟悉当地的山路，转了一个弯，耕田的人和牛就看不见了，我们绕着小山寻找，转了一个多小时最终才找到。我们气喘吁吁地爬上山坡，见到了耕地的大爷和他的牛。大爷70多岁，他说这块地什么车都上不来，所有东西都靠人背，春天种地还好，不需要往山上背太多东西，秋收时更困难，收割的玉米要一点一点背到山下，然后用牛车拉回家。因为耕种困难，这样的田地现在只有一些老年人在种，年轻人都不种了。大爷淳朴热情，邀请我们夏季来吃玉米，但工作忙忙碌碌，也没能抽出时间去大爷家吃不上化肥的玉米。到了秋天，我们去拍摄秋收，大爷煮了玉米给我们带到山上，说夏天我们没来，他们把玉米煮熟了冻在冰箱里，等秋天我们来时吃。我们在山上吃了大爷的玉米，觉得特别温暖。大爷说，秋收完再打些玉米楂子和玉米面，等我来拿。我与大爷接触并不算多，

10-4 ◆ 第一次见到牛的学生

但他让我觉得亲切，让我想起了儿时的故乡，从他身上我又看到了故乡老一代农民的美好品质——热爱土地，珍惜土地，为人善良，对人真诚。

调查过程中，我也结识了一些热爱地域文化的人，其中给我触动最大的是黑龙江北方民俗博物馆馆长黄彦辉先生。黑龙江北方民俗博物馆位于哈尔滨市巴彦县巴彦镇，是一座私人博物馆，也是一座公益性博物馆，对参观者免费开放。目前馆内藏品4万余件。该馆创建人黄信章先生，是现任馆长黄彦辉的父亲，现已过世。黄老先生生前是一名教师，热爱民俗文物收藏，他的想法很朴素，就是要把好东西收藏起来，留给孩子们参观，做历史课的素材。他从20世纪60年代起开始收藏，当时夫妻二人都是民办教师，收入微薄，家里还有三个孩子，生活非常窘迫。为了收藏，全家人节衣缩食，孩子们连根冰棍都吃不上。随着藏品的增多，他们又面临保存问题。2013年，他们开始自己动手建博物馆。中途，黄老先生积劳成疾，不幸病逝。夫人和儿子继承黄老先生遗志，终于在2014年6月把博物馆建成。

黄彦辉馆长每天忙得不可开交，博物馆大多数工作都靠他打理。尽管如此，他还是热情地接待了我们，亲自给我们当解说，帮助我们拍图片，陪我们整整一上午。中午又留我们

10-5 ◆中华巴洛克街区

在他家里吃饭，80多岁的黄老夫人亲自下厨，给我们做了"大饼子"、萝卜炖粉条、"卧鸡蛋"[uo⁵³tɕi⁴⁴tan⁵³]鸡蛋打在盘子里，加油、盐等，整个蒸熟，这些都是本地传统的家常饭菜。传统做法的"大饼子"已没有多少人会做了，平时从市场买来的都是新式做法的，能吃到黄老夫人做的老味道的"大饼子"真是惊喜。

博物馆工作难度很大，藏品既要保存又要展出，工作复杂，需要大量人手，尤其需要专业人员。另外博物馆还面临空间不足问题，目前仍有大量藏品堆积在库房，一些木质器具已开始腐化。我看见几个木质的马槽、牛槽、驴槽散落在地上，黄馆长说："马槽、牛槽、驴槽本来高矮不同，集齐了放在一起才可以看出区别，现在散架了，看不出来有什么区别了。"我觉得非常可惜，希望他们能有足够的资金和展区，能得到专业人员的帮助，使藏品得以科学地保藏。

我们的调查也常有学生参与，对学生来说，参与方言文化调查的意义不仅仅是协助调查研究工作，更重要的意义在于亲自体验地域文化，了解地域文化。地域文化不仅需要保护，还需要传承，如果年青一代对它既不了解也不感兴趣，那么传承只能是空谈。我经历过这样一件事：2018年春天的时候，我叫一名学校摄影协会的学生去拍春耕，谁知她充满期待地对

10-6 ◆ 中华巴洛克建筑上繁复的雕饰

我说："老师，太好了，我终于有机会去拍金色的麦浪了。"我当时以为她开玩笑，进一步交流以后发现她真是这么想的，我才意识到90后一代，尤其是城里长大的孩子，对农耕文明了解太少了，真的到了五谷不分、不辨菽麦的程度。以后不论拍摄春种还是秋收，我尽量叫她去，她跟随课题组，第一次见到耕种，第一次见到秋收，第一次坐牛车，她对这一切都充满了好奇。

今天的哈尔滨已发展成一个现代化的都市，高楼林立，街景繁华。一些旧事物随着时间的推移逐渐退出历史舞台，逐渐被人们遗忘。中央大街每天游人如织，不知道有多少人能看懂街上那些老建筑的不同风格，中华巴洛克建筑街区努力保持历史样貌，不知道还有多少人能了解建筑上那些雕饰的文化内涵。

参考文献

哈尔滨市地方志编纂委员会 1998《哈尔滨市志》,黑龙江人民出版社。

李荣主编,尹世超编纂 1997《哈尔滨方言词典》,江苏教育出版社。

李兴盛 2008《黑龙江汉族文化》,黑龙江教育出版社。

王洪主编 2021《哈尔滨年鉴2021》,哈尔滨年鉴编辑部。

索引

1. 索引收录本书"壹"至"捌"部分的所有条目，按条目音序排列。"玖"里的内容不收入索引。
2. 条目首字如是《现代汉语词典》（第7版）未收的字、方框"□"，统一归入"其他"类，列在索引最后，并标出整个词的音。
3. 条目中如有方框，在后面标出整个词的音。
4. 每条索引后面的数字为条目所在正文的页码。

A

艾蒿　　　　　　　　　275

B

八卦镜　　　　　　　　231
八仙桌儿　　　　　　　83
八杂市儿　　　　　　　198
耙地　　　　　　　　　155
掰苞米　　　　　　　　160
白酒　　　　　　　　　131
摆地摊儿　　　　　　　193
板凳　　　　　　　　　85
板障子　　　　　　　　34
绑红　　　　　　　　　58
绑腿儿　　　　　　　　241
棒槌　　　　　　　　　89
包豆包儿　　　　　　　265
包饺子　　　　　　　　262
包子　　　　　　　　　122
包子铺儿　　　　　　　194
苞米花儿　　　　　　　126
苞米秸障子　　　　　　40
苞米秸子垛　　　　　　162
苞米面儿糊涂　　　　　119
苞米铺子　　　　　　　156
苞米趟子　　　　　　　159
刨子　　　　　　　　　180
被橱儿　　　　　　　　95
嘣苞米花儿　　　　　　188
鞭子　　　　　　　　　169
扁担　　　　　　　　　164
冰镩子　　　　　　　　202
冰灯　　　　　　　　　225
冰雪节　　　　　　　　225
拨拉锤子　　　　　　　184
拨拉钻儿　　　　　　　181
簸　　　　　　　　　　161
簸箕　　　　　　　　　166
布拉吉　　　　　　　　106

C

礤板儿	76
财神	227
菜板子	76
菜团子	126
仓买	191
槽子	96
槽子糕	123
草房盖儿	31
草鸡窝	98
插秧	157
茶缸子	75
茶几	83
镲	220
长白糕	124
长命锁	240
长条儿凳	85
炒瓜子儿	266
车	167
吃鸡蛋	274
吃喜儿	210
抽冰尜儿	224
抽洋烟	211
出床子	193
出灵	249
出窑	179
锄头	163
船鞋	109
绰罗子	204
瓷盆儿	92
镩冰窟窿	204
锉	182

D

打出溜滑儿	224
打鸡蛋黄子	219
打卤儿面	120
打扑克儿	216
大饼干	125
大饼子	126
大糌粥	120
大铲	175
大豆腐	128
大丰收	134
大缸	90
大鼓	221
大柜	95
大馃子	127
大黄米年糕	265
大裤头儿	107
大块儿糖	259
大列巴	125
大绫子	112
大米粥	121
大笸箩	99
带卡子	241
倒糖人儿	187
稻草垛	162
稻个子	158
灯窝儿	88
地基	56
吊棚	28
钉杠锤	218
钉马掌儿	189
冻饺子	263
冻梨	266
冻子	138
兜兜	106
斗	200
豆杵子	78

豆腐脑儿	128	风景亭儿	48
豆面卷儿	272	风匣子	68
豆馅儿	265	福字儿	258
对柜儿	94	讣告	243
对子	260		
囤子	166	**G**	
炖鱼	135	疙瘩汤	122
多面坡顶儿	31	割苞米	159
垛叉	170	嘎啦	106
		嘎啦哈	216
E		盖帘儿	77
耳环	113	干白菜	141
二齿子	173	干豆腐	129
二米饭	119	干豆角丝儿	140
二人转	222	干饭	119
		赶集	213
F		钢刀布	182
发面儿饼	122	糕点模子	75
发纸	268	镐	165
翻地	154	格瓦斯	130
翻绳儿	218	给老婆婆戴花儿	237
翻鱼	201	工具兜儿	183
饭包	136	工具箱儿	183
房巴儿	26	拱桥	53
房门	39	钩鱼	205
纺车儿	185	狗皮帽子	108
放鞭炮	271	刮脸刀儿	182
放牛	203	挂斧子	59
放羊	203	挂面	121
坟	253	挂钱儿	260
坟茔地	252	挂鱼	61
粉磨	51	挂子	204
粉条儿	127	拐尺	181
粪堆	156	光头儿	123
风葫芦	69	锅	67

锅包肉	137	酱模子	73
锅叉儿	68	搅鱼	205
锅盖	69	窖	45
锅台	67	揭年糕	264
馃碟儿	267	褯子	241
榾头纸	242	井架子	49
		井亭儿	49

H

哈勒滨饭庄儿	194	酒坊	191
红肠儿	142	酒坛子	90
烀肉	138	酒糖	129
糊墙	259	酒提喽	199
葫芦	273	铜缸	184
葫芦瓢	70	锯	180
花圈	244	卷子	118
花线儿	276		
华严寺	230		

K

黄房子	20	开裆裤	105
灰桶	176	砍白菜	160
烩酸菜	138	炕	79
婚床	239	炕琴=	93
火盆	91	炕席	81
火勺儿馄饨店	192	炕沿	80
		炕桌儿	82
		靠边儿站	82

J

鸡蛋酱	135	靠尺	175
鸡窝	45	磕头	270
极乐寺	231	啃春	278
集	212	孔子像	226
加煤口儿	179	扣地	153
家属答礼	246	扛筐儿	97
毽儿	217	筷笼子	74
浆子	129	筐头子	96
酱块子	143	盔子	75

捆稻子	158

L

拉爬犁	223
喇叭	220
腊八粥	279
蜡台	88
懒汉棉鞋	109
老鼎丰	197
老虎枕头	81
老江桥	54
老头儿鞋	111
老祖宗	269
唠嗑儿	213
烙铁	90
垒墙角儿	57
犁杖	171
里屋儿	27
立柜	94
镰刀	171
脸盆儿架子	86
凉亭儿	49
粮食囤子	45
两面坡顶儿	30
晾衣绳儿	89
燎猪头	279
灵当＂幡儿	248
灵棚	242
灵位	243
琉璃瓦	35
柳罐斗儿	46
搂柴耙子	170
漏斗儿	200
炉钩子	69

炉㼟	125
炉子	91
辘轳	47
罗盘	251
罗逛子	172
萝卜干儿	140
锣	221

M

马车	169
马＂窗户	41
马迭尔冰棍儿	130
马迭尔面包	124
马拉犁	153
马勺	66
马扎儿	85
埋葬	251
馒头	119
茅楼儿	43
煤铲子	69
焖罐	67
门洞子	25
门斗儿	38
门环	38
门神	261
蒙头红	239
米碾儿	53
米汤	119
棉大衣	104
棉猴儿	104
棉裤	105
面包石路	42
磨刀	187
磨刀架子	186

磨石	186	刨镐	164
墨斗儿	179	棚子	55
磨	50	坡地	149
木杈儿	170	笸箩	166
木刻楞	21	坯篓子	19
木头大门	37	披红	61
木头碣子	155	啤酒	131
木头障子	36	谝"记"	219
墓子	249	片儿汤	121
		平地	150
N		平顶儿	28
南北炕	79		
泥蛋儿	218	**Q**	
泥房顶儿	33	起脊	30
泥抹子	175	气窗	41
年画儿	258	气死风灯	88
黏豆包儿	267	砌砖墙	56
碾子	50	桥	52
牛车	168	茄干儿	141
牛圈	43	茄酱	134
牛鞦子	171	青瓦	32
扭大秧歌儿	220	秋林公司	199
女儿墙	29	秋林食品店	195
		圈儿楼	23
O			
欧式老房子	24	**R**	
		入殓	248
P			
扒肉	137	**S**	
牌楼	51	撒年糕	264
迫缸	92	塞克儿	124
盘秤	198	丧盆子	245
刨锛儿	176	扫房	259
刨茬锹	165	扫帚	87

杀猪菜	139	水瓢	73
砂锅儿	137	水平线	57
砂锅儿店	195	水筲	71
筛	161	水獭帽子	108
筛子	173	水田	149
色酒	130	水桶	70
山地	148	水舀子	73
扇车	174	四齿挠子	173
扇子	221	素卜汤	136
赏红包儿	60	酸菜	140
上坟	272	酸菜炖粉条儿	133
上粪	157	蒜缸子	75
上供	268	蒜茄子	142
上扣	250	碎咸菜	142
上梁	58		
上山	152	**T**	
上下扇儿窗户	39	塔头墙	34
上香	244	踏青儿	277
烧七	253	太阳房	21
烧纸钱	245	坛儿肉	136
烧砖	178	坛子	90
升	200	糖饼	122
石头碌子	172	糖葫芦	131
手绢儿	112	糖球儿	267
手镏儿	113	糖三角儿	118
手闷子	110	掏耙	70
手捂子	110	桃酥	123
梳小辫儿	210	淘米	263
刷帚	72	梯子	98
刷子	212	剃龙头	278
拴腿儿	270	条背心儿	107
水饭	120	笤帚	87
水流子	54	贴对联儿	60
水泥车	177	铁大门	36

铁皮盖儿	32	下葬	250
铜盆	86	咸菜疙瘩	143
头巾子	108	线板子	99
土地庙	228	线锤儿	175
土地神神龛	228	线儿裤	107
土豆儿挠子	76	线儿衣	107
土房儿	18	线勒子	180
土井	47	献花儿	236
土篮子	166	香草荷包儿	274
土墙	35	香炉	230
推砖车	176	小巴锄儿	163
推子	182	小板凳腿儿	84
屯子	42	小缸腿儿	92
		小格子窗户	39
W		小鸡儿炖蘑菇	133
瓦房盖儿	33	小脚儿鞋	111
外屋儿地	26	小筐儿	97
碗架子	74	小篓儿	96
喂大罗儿	71	小门儿	38
文庙	227	小米粥	120
窝窝头儿	126	小爬溜儿	99
靰鞡	111	小推车儿	168
靰鞡草	110	鞋底子	111
		鞋样子	184
X		写礼账	247
西餐厅	196	绣花儿鞋	109
稀饭	121	苪子	167
席织篓儿	78	血肠儿	139
洗脸盆子	86		
洗手	238	**Y**	
戏台	222	压坟头纸	272
息稻秧儿	154	压管儿井	48
下边干	215	烟	132
下棋	215	烟插板儿	97

烟袋	211	凿子	182
烟筲箩	211	枣儿馒头	261
烟叶子	132	灶坑	66
扬场	161	毡绒帽子	109
扬场锹	174	蘸酱菜	135
羊倌儿	202	掌锤子	88
羊皮袄	105	招牌	192
羊圈	44	找鞋	237
洋叉	173	笊篱	72
洋灰管儿井	46	枕头	81
洋铁匠儿	190	枕头皮儿	81
洋油灯	89	蒸干粮帘子	77
一面青儿	18	纸牛	245
衣服样子	184	纸牌	214
椅子	84	纸钱	247
阴阳鱼	59	中央大街	27
悠车儿	80	猪圈	44
油饼	122	猪肉炖粉条儿	134
油茶面儿	125	砖房儿	19
油吱啦	141	砖坯子	178
鱼池	201	砖坯子垛	177
元宵	278	砖墙	37
园子	152	砖窑	52
圆坟	252	转炉	189
院套儿	40	装老衣裳	243
院子	41	状元桥	229
月饼	279	镯子	113
月子饭	240	锥子	185
		粽子	277
Z		走五道儿	214
扎彩	246	坐福	238

后记

2014年中国语言学会第17届学术年会上，有幸结识了曹志耘先生，曹先生问我对方言文化研究是否感兴趣，我当时只对方言有一点研究，对于方言文化的研究还没有多少认识，但兴趣是有的。2016年，我开始参与到中国语言资源保护工程项目中，先后完成了黑龙江省肇东、嫩江两个点的汉语方言调查工作和哈尔滨方言文化调查工作。

在哈尔滨方言文化调查研究过程中，我们得到过专家学者的指点，也得到过很多朋友、同事、学生以及父老乡亲的支持和帮助，没有他们的支持，我们无法完成调查工作。

关于哈尔滨文化的特点，我曾请教过黑龙江省社会科学院的丛坤先生，丛先生说，哈尔滨城市文化与东北其他地域文化不同，它受俄罗斯文化和欧洲文化的影响非常明显，在本质上是一种尚雅文化。这一观点对我的启发很大，原来哈尔滨文化的特点就在于城乡文化差别明显：城市文化受外来文化影响较大，体现出中西合璧、南北交融的特点；而乡村文化又是典型的东北地区农耕社会文化。在距离市区不远的城乡接合部，这一差别尤其明显。所以调查哈尔滨方言文化需要从两条线索展开：一是城市文化，一是乡村文化。

方言文化调查中摄录是一个重要环节，开始时我们没有专业的摄录人员。恰好我的学生李梦迪学过摄影，就欣然接受了我的邀请加入了课题组。我们早期的拍摄工作都是在她的指导下完成的。我们的课题中，最难获取的是春节供奉祖先方面和葬礼仪式方面的影像资料。在哈尔滨，过年一家团聚时，一般是拒绝生人的，所以我们很难去别人家里拍摄。现在，过年时供奉老祖宗的习俗已经不多了，恰巧梦迪的邻居还保留这一习俗。于是，她跟邻居反复沟通，终于争取到了这个难得的拍摄机会，这才有了书中珍贵的影像资料。葬礼方面的照片更是来之不易，逝者是梦迪家的邻居，梦迪的爷爷家跟他们家的关系很好，在爷爷的帮助下，经过艰难的沟通才得到这个拍摄机会。出殡之前的葬礼仪式的照片和视频都是梦迪一个人拍的。我们这里有个风俗，即出殡时不允许女性到墓地去，于是梦迪教会了70多岁的爷爷拍视频，这样才得到了一些墓地下葬的资料，虽然质量不是很高，但十分难得。从拍照到调查，梦迪全程参与，她不仅仅是学生，是课题组成员，更是我的朋友。每当调查工作遇到困难时，我总是先找她商量。我更要感谢梦迪的爷爷李新春老先生，他无条件地支持我们的工作，老先生的热心帮助让我无比感动。

还要感谢我的朋友郑宝奎先生。我们的地方戏录制工作得以完成全靠他的大力支持。虽然说二人转是东北地方戏，但在哈尔滨，专业的二人转演员很少，业余演员水平参差不齐，会唱传统剧目的人越来越少。正规的二人转演出的剧场很少，正规的演出也很少。多数演出都是业余的，临时安排场地，夏天常常在室外，冬天虽然在室内，但舞台和音响条件往往很差。宝奎是二人转爱好者，能了解到演出信息，哪里一有演出，他就带我去看，但多数都不够理想。我跟随宝奎看了多次演出后，终于遇到了合适的机会，各方面条件比较合乎录制要求，最终完成了地方戏的录制。感谢李忠孝先生给我们提供剧场，感谢刘景全和刘彩霞两位演员的精彩表演。通过这次调查我才了解到二人转在哈尔滨的发展状况，真心希望我们的地方戏能消失得慢一些，流传得久一些。

  感谢我的朋友兼同事丛丽华、王双宁两位女士，她们都是老哈尔滨人，我多次向她们请教关于哈尔滨风俗文化的问题，她们不厌其烦地为我解答，遇到说不清楚的问题，还帮我向家里的老人和亲属求证。

  感谢发音人段智华先生，在研究过程中，我们反复调整词条，多次录制，每次找他录音，他都非常爽快地应允，从未推脱，从未表现出一点不耐烦。

  前段时间，在中学做语文老师的朋友找到我，她说高中语文统编教材设置了"家乡文化生活"学习活动任务群，宗旨是搞好家乡文化生活教学活动，使学生了解家乡文化，热爱家乡文化，增强家国情怀，这是目前高中语文教学面临的一个重要任务。目前，哈尔滨及黑龙江省相关的教学材料、教学资源还比较匮乏，问我能不能给她提供些资料和建议。我想，我们的研究如果能够为地方文化教育提供支持，满足社会需求，那就是对社会最好的回报，也是对所有帮助我们、支持我们的人的最好回报。

梁晓玲

2021 年 10 月 12 日于哈尔滨

图书在版编目（CIP）数据

中国语言文化典藏. 哈尔滨/曹志耘，王莉宁，李锦芳主编；梁晓玲，张树青著. —北京：商务印书馆，2022
ISBN 978-7-100-21044-7

Ⅰ. ①中… Ⅱ. ①曹… ②王… ③李… ④梁… ⑤张… Ⅲ. ①北方方言—方言研究—哈尔滨 Ⅳ. ① H17

中国版本图书馆 CIP 数据核字（2022）第 063932 号

权利保留，侵权必究。

中国语言文化典藏·哈尔滨

曹志耘　王莉宁　李锦芳　主编
梁晓玲　张树青　著

商务印书馆出版
（北京王府井大街 36 号　邮政编码 100710）
商务印书馆发行
南京爱德印刷有限公司印刷
ISBN 978-7-100-21044-7

2022 年 9 月第 1 版
2022 年 9 月第 1 次印刷
开本：787×1092　1/16
印张：21¼

定价：280.00 元

施化医院

靖宇社区卫生服务中心